prometo perder

PEDRO CHAGAS FREITAS

prometo perder

Só quem nunca amou nunca perdeu

1ª edição
Rio de Janeiro-RJ / Campinas-SP, 2017

VERUS
EDITORA

Editora
Raïssa Castro

Coordenadora editorial
Ana Paula Gomes

Copidesque
Lígia Alves

Revisão
Cleide Salme

Capa e projeto gráfico
André S. Tavares da Silva
(arte baseada na capa original portuguesa)

Diagramação
Daiane Cristina Avelino Silva

ISBN: 978-85-7686-581-0

Copyright © Marcador Editora, 2015
Todos os direitos reservados.

Copyright edição brasileira © Verus Editora, 2017
Direitos reservados em língua portuguesa, no Brasil, por Verus Editora. Nenhuma parte desta obra pode ser reproduzida ou transmitida por qualquer forma e/ou quaisquer meios (eletrônico ou mecânico, incluindo fotocópia e gravação) ou arquivada em qualquer sistema ou banco de dados sem permissão escrita da editora.

Verus Editora Ltda.
Rua Benedicto Aristides Ribeiro, 41, Jd. Santa Genebra II, Campinas/SP, 13084-753
Fone/Fax: (19) 3249-0001 | www.veruseditora.com.br

CIP-BRASIL. CATALOGAÇÃO NA FONTE
SINDICATO NACIONAL DOS EDITORES DE LIVROS, RJ

F936p

Freitas, Pedro Chagas, 1979-
   Prometo perder / Pedro Chagas Freitas. - 1. ed. - Campinas, SP : Verus, 2017.
   23 cm.

ISBN: 978-85-7686-581-0

1. Crônica portuguesa. I. Título.

17-38857   CDD: 869.8
                                    CDU: 821.134.3-8

Revisado conforme o novo acordo ortográfico

Para a Bárbara. Porque tudo.

Pense: desde quando você suporta o que não aguenta?

Somos todos apaixonados e malucos, perdoe a redundância. Foi assim que ela lhe disse, com aquele ar quase inconsequente com que dizia quase tudo.

Somos todos apaixonados e malucos, perdoe a redundância. Ele continuava sem entender. Não a conhecia de lugar nenhum e no entanto ali estava, no meio da rua, ouvindo uma desconhecida que lhe deu vontade de abraçar (eu casava contigo agora mesmo, raios me partam, o que eu iria fazer se o fizesse?, sei lá bem eu quem é você, mas eu casava contigo agora mesmo, juro).

Foram os malucos e os apaixonados que mudaram o mundo, sabia?

Ele disse que sim com a cabeça (é tão linda, como a quero e não sei quem é, como se chama, o que raios quer de mim, é tão linda e casava-me com ela agora mesmo), quis arrancar para uma frase mas foi interrompido.

Já falei com o senhor padre e caso contigo hoje às quatro, vem?

Ele gaguejou (sim, sim, claro que sim, é já, agora, imediatamente, e já parece tarde, se quer saber), a pele ficou de uma cor bastante próxima de um vermelho tórrido, conseguiu apenas perguntar por quê, nem que para isso tenha demorado uns bons dez segundos — talvez mais, que nunca uma palavra tão curta parecera tão interminável.

Abomino explicações, prefiro sensações. Te amo desde que te vi pela primeira vez. Há cerca de dois minutos, portanto. Já não é motivo pouco para casar, não acha? Casa-se por amor e eu te amo. Basta-me. E a você?

Ele ficou sem resposta (os seus olhos, a sua boca, as suas mãos, a sua voz, quero isso tudo para sempre, que outro motivo pode haver para casar com alguém senão o de querer aqueles olhos e aquela boca e aquelas mãos e aquela voz para sempre?), mas agiu: agarrou-a pelo braço e a levou consigo até a igreja, não sem antes pagar uns trocos a dois mendigos para assistirem à cerimônia (se há coisa para a qual o dinheiro é útil é para ajudar a amar, foi para isso que ele foi criado, na verdade: como instrumento de amor, que mais?).

Sim, como um louco.

Respondeu, quando o padre lhe perguntou se queria casar com aquela mulher (você vai ser minha, que sorte, vai ser minha, a quem tenho de agradecer a sorte de você ser minha?, me diga que eu vou lá agora mesmo, a quem tenho de agradecer a sorte de você ser minha?) de quem acabara de saber o nome.

Quando eu estiver ficando normal me interne num hospital para malucos.

Ele disse que sim, claro. Os dois mendigos libertaram uma lágrima, não se sabe se por enfado se por emoção. E o padre deu ordem para o beijo de praxe.

Prometo perder.
Prometo por vezes fraquejar, por vezes cair, por vezes ser incapaz de ganhar.
Nem sempre conseguirei superar, nem sempre conseguirei ultrapassar. Nem sempre poderei ser capaz de ir tão longe como você me pede, de te dar exatamente o que você merecia que eu te desse. O que desesperadamente te quero dar. Nem sempre conseguirei sorrir, também.
Prometo perder.
Prometo ainda me manter vivo depois de cada derrota, resistir ao peso insustentável de cada impossibilidade. Há de haver momentos em que sem querer te magoarei, momentos em que sem querer tocarei no lado errado da ferida. Mas o que nunca vai acontecer é desistir só porque perdi, parar só porque é mais fácil, ceder só porque dói construir.
Prometo perder.
Porque só quem ama corre o risco de perder; os outros correm apenas o risco de continuar perdidos.
Prometo perder.
Porque só quem nunca amou nunca perdeu.

(a inutilidade da perfeição)

Fomos adultos antes do tempo.
Ontem senti a sua falta. Mais uma vez a sua falta. Estava uma menina brincando no jardim e eu quis te dizer que podia muito bem ser a nossa. A menina que nunca tivemos. Se tivéssemos arriscado teria sido assim, tenho certeza. Uma menina com a sua cara de anjo e essa cabeça linda. De mim herdaria a responsabilidade. Só espero que não herdasse o orgulho. O canalha do orgulho.
Há uma pessoa a mais num casal quando existe o orgulho a separá-lo.
Eu podia te ligar e te dizer que sim. Que você tinha razão. Tinha sempre razão. A dona da verdade. E tinha. A verdade é que tinha. E eu sempre neste braço de ferro em que ambos perdíamos. Em que ambos nos perdemos.
Há um casal que se dobra a cada braço de ferro que se faz.
Eu podia te falar das noites que nunca acabam. São sempre as noites, não é? De dia há pessoas, o emprego (a Joana da recepção fala todos os dias de você, quer saber como você está e eu só lhe digo que deve estar bem, está certamente bem, é pelo menos nisso que quero acreditar, ou talvez não, talvez quero acreditar que não está bem como eu não estou bem, como se pode estar bem quando se chega em casa e você não está?), a luz ainda vai ajudando a tapar a sombra que ficou em mim, depois alguém conta uma piada, outra revela um segredo, e a vida vai andando. Que ironia, não é? Eu, que nunca quis ir andando, que sempre recusei o que todos os outros tinham ("ai de nós se caímos na rotina, quando isso acontecer nos mate imediatamente, por favor"; e você matou, e você matou), me contentando com esse mais ou menos feliz, esse mais ou menos vivo.
Há um menos a mais em cada mais ou menos que se vive.
Mas depois chega a noite, como eu te dizia. A noite não passa. E se estende. Me ocupa. O médico me deu umas drogas quaisquer para aguentar. E mesmo assim você me entra pelos sonhos, fecho os olhos e você está lá, abro e está lá. Éramos tão felizes, não éramos? Me resta continuar, apenas isso. Acreditar que um dia você percebe que só nos faltou esquecer a maturidade.

Há razão a mais quando um casal se esquece de por vezes perder a razão. Fomos adultos antes do tempo, crianças fingindo ser sérias, meninos brincando de casamento. E o orgulho. Já te falei nele? Vou te falar de novo. Vou te explicar outra vez. Basta que você atenda o telefone. Só mais uma vez, vá.

Amar sem ser amado de volta é péssimo; mas amar e ser amado de volta é uma catástrofe.

Quando te encontrei estava capaz de amar alguém para sempre desde que não amasse tanto assim: desde que não fosse tão fundo assim. O amor impede qualquer tipo de eternidade — e é isso mesmo que o faz eterno. Amar alguém que se ama é uma impossibilidade. Ou você ama na medida do possível ou é impossível amar. Nenhuma vida resiste a um amor.

"Se não te amasse eu iria te fazer feliz", disse ele, olhos nos olhos dela. E depois se levantou, acendeu um cigarro, e explicou com toda a calma do mundo: "se não te amasse eu podia te fazer feliz, dar o que você tanto quer. Podia ser compreensivo, tranquilo, pacífico, procurar o equilíbrio entre nós, uma relação saudável até. Mas a merda é que eu te amo. A merda é que eu te amo. Eu te amo e tudo o que não consigo ser é compreensivo, tranquilo, pacífico, muito menos equilibrado. O amor pode ser muita coisa mas não é nada disso. O amor não pode ser nada disso. Eu te amo e é por isso que não consigo te amar. É isso. No fundo era isso que eu tinha para te dizer. Que te quero em mim vinte e quatro horas por dia, que te procuro como se procura o pão, que te desejo como se deseja a vida inteira. E isso me inquieta, me desassossega, me impede de te dar o que você me pede, de ser o que me pede para ser. Me pede para te amar com calma, mas que caralhos tem a calma que ver com o amor", perguntou-lhe, uns segundos antes de lhe pedir desculpas pela linguagem grosseira — "é o amor, é mais uma vez o amor que me faz falar assim", justificou-se. Ela não reagiu. Pelo menos o corpo não reagiu. Manteve-se serena, a olhá-lo. Ele continuou, as malas já feitas junto à porta. "Sei que você não vai me entender. Sei que não vai me perdoar. Como se perdoa uma coisa dessas? Como se acredita em alguém que nos diz que nos ama assim e que depois nos abandona assim? Você vai me chamar de mentiroso, cabrão, filho da puta traidor, e eu vou te agradecer cada palavra. Sei que todas as palavras são pequenas para uma dor assim. Me dói em partes impossíveis do meu corpo, em partes que nunca pensei que pudessem doer. Eu te deixo para te deixar viver. Para me permitir a consciência limpa de te ter libertado de mim. Quem sabe um dia uma outra pessoa te ame menos e por isso te ame como você merece", perguntou-se, e desta vez não esperava resposta. "Há quem fale em amores doentes, em amores que se precisam demais. E eu só me pergunto como se pode algum dia dizer que um amor é demais se só se for demais se pode dizer amor. Eu te peço o desassossego, por mais que a idade me peça a paz. Fique para me dar cabo da cabeça para sempre ou vá embora já", foi a decisão que ela deixou nas mãos dele, os dois parados, de pé, um diante do outro, os olhos e as lágrimas. Foi então que o impensável aconteceu.

O mais doloroso nem é saber que você leva outra pessoa para a cama. Estou, se quer saber, realmente pouco ligando para isso. O mais doloroso é saber que você tem outros ombros para pousar a cabeça: o mais doloroso é saber que há agora outra pessoa a te ver chorar. A intimidade maior é a das lágrimas. É no interior da fragilidade que a ligação acontece. E agora há outra pessoa que chora contigo, outra pessoa que vê as suas insuficiências, outra pessoa que tenta ocupar os espaços vazios do que você não consegue ser.

O que junta as pessoas é o que não se consegue ser: o que ficamos sempre aquém de ser.

Fomos felizes tantas vezes. Brincamos, inventamos, rimos que nem malucos por horas a fio. E nos amamos. Nos amamos tanto. Em todos os lugares, de todas as maneiras. Recusando os limites e sempre sem nunca os ultrapassar.

O que junta as pessoas é recusar os limites juntos e ainda assim nunca os ultrapassar.

Fomos felizes tantas vezes, já te disse. E no entanto quando olho para trás entendo com nitidez que o que mais fica, o que mais nos fica, é a dificuldade e o que fizemos com ela. E foi aí, quando algo faltava, que nunca nos faltou nada. Quando dói o que não se consegue, é só o amor que consegue.

O que junta as pessoas é aquilo que se consegue quando dói o que não se consegue.

Amar é também uma questão de confiança: da confiança que nos dá. Alguém que se sente amado, verdadeiramente amado, é alguém indestrutível. Sente em si uma força imparável, um herói por dentro de si. Contigo eu nada temia, contigo tudo era ultrapassável. Até que chegou a preguiça.

O que junta as pessoas é conseguir reagir quando chega a preguiça.

Fomos desaparecendo. Cada vez mais confortáveis e cada vez mais distantes. O conforto afasta, repele: integra. E o amor não é para ser integrado. O amor é longe: tem de ser longe para aproximar quem se ama. Para ser algo sempre externo que nos preenche por todos os lados. Um amor integrado é um amor acabado: um meio-amor, um semiamor, um amor levezinho. O amor pode ser muita coisa mas nunca levezinho. O amor é da pesada e é por isso que muito poucos são capazes de o suportar durante uma vida inteira. Nem nós. E agora você é de outra pessoa e eu não sou de ninguém. Talvez um dia consiga voltar a dormir com alguém, voltar a entregar o meu corpo a alguém. Mas as minhas lágrimas dificilmente deixarão de ser suas.

— Como se chama?
— Péchimpéré.
— Mas isso não é um nome.
— Pois não. Mas te fez rir, não fez?

Os adultos levam a vida demasiado a sério. O grande objetivo da vida é rir. Pelo menos o meu. Os adultos não entendem muito bem essa minha maneira de ver a vida, dizem que é — é esta a palavra que usam — inconsequente. No outro dia eu ia ver no dicionário o que queria dizer mas pelo caminho encontrei o Zé Pedro e ficamos os dois brincando. Foi uma tarde de muito riso. Ele se escondeu na casa da avó dele, a senhora Ivone, e quando demos por nós já estávamos os três procurando uns aos outros. A vida é tão simples: basta procurarmos uns aos outros para sermos felizes, não é?

— O que você está vendo aqui?
— Uma caixa de madeira.
— Está vendo mal. Isto é uma imaginação de madeira.

Os adultos levam a idade demasiado a sério. A senhora Ivone é uma menina que tem a nossa idade mas já viveu setenta anos ou mais. Os velhotes são boas pessoas. Nos contam histórias e sabem coisas muito misteriosas, como essa de a imaginação poder ser feita dos mais diversos materiais. Há quem tenha uma imaginação de madeira, há quem tenha uma imaginação de vidro ou de pedra. A imaginação é feita do material que nós quisermos. A minha hoje vai ser feita de tecido. A minha tia vai casar e eu a imagino ainda mais linda do que ela já é. A beleza é uma imaginação com bom gosto, digo eu, o que acham?

— Vai casar por quê, tia?
— Por amor.
— O amor é a brincadeira mais linda do mundo, não é?

Os adultos levam o amor demasiado a sério. Pensam nas razões que os levam a amar, pensam se devem ou não abraçar, se devem ou não beijar, se devem ou não dar as mãos e correr e saltar e colocar a língua de fora. O amor ou é não pensar em nada ou talvez não seja amor nenhum. Eu amo a minha família toda e os meus amigos todos. Quando estou com eles penso muito pouco, mas não digam a ninguém.

— Já percebi que você está amando, tia.
— Por quê?
— O seu sorriso não passa.

Os adultos levam a tristeza demasiado a sério. A palavra sorriso me faz sorrir. A palavra sorrir faz sorrir todo mundo, na verdade. Experimentem dizer sorriso e vejam se logo não estão sorrindo. Quando estou menos feliz faço sempre isto: me ponho na frente do espelho dizendo a palavra sorriso e num instante já estou mesmo a sorrir. Mas não pensem que a tristeza não existe. A tristeza existe. Às vezes acontecem coisas que nos fazem ficar adultos por momentos. Coisas que nos fazem pensar e pensar e pensar. Mas não há no mundo nada mais poderoso que a brincadeira.

— Por que está chorando, mamãe?
— Estou com saudade do seu pai.
— Eu também. E é por isso que estou sorrindo.

Os adultos levam o corpo demasiado a sério. Dizem que é isso que define se uma pessoa existe ou não, já viram que baboseira? As pessoas existem quando existem em nós, qualquer criança sabe isso. O meu pai é a melhor pessoa do mundo. Basta fechar os olhos e estou com ele, existe proximidade maior que essa?

— O que te assusta mais, filho?
— Perder os sonhos.
— Pensei que era a morte.
— Foi o que eu disse.

Os adultos levam a realidade demasiado a sério. Os sonhos são a melhor parte da realidade, só um adulto não vê isso. Quando deixo de sonhar deixo de viver. Ontem acordei e demorei dois segundos para procurar um sonho. Foram os dois piores segundos da minha vida inteira.

— Parabéns, mamãe.
— Por quê?
— Por ter acordado.

Os adultos levam as celebrações demasiado a sério. Só celebram de ano em ano ou quando alguém ganha um prêmio qualquer ou tem um trabalho novo. São tão limitados, pobres coitados. Eu e o Zé Pedro adoramos celebrar. Agora há pouco fizemos uma festa para comemorar a primeira meleca que ele conseguiu tirar do nariz hoje. A vida pode ser apenas a existência de melecas no nariz, e mesmo assim é tão boa, não é?

— Não gosto de adultos, mamãe.
— Por quê?
— São imaturos demais.

Os adultos levam o tempo demasiado a sério. E é por isso que o perdem de uma forma infantil. Inventam complicações, pensam que não conseguem o que tanto querem e de tanto pensarem que não conseguem não conseguem mesmo, ficam parados diante dos obstáculos. Eu e o Zé Pedro ontem conseguimos passar um obstáculo de quatro metros. Trepamos em uma árvore, depois subimos um no ombro do outro e não demorou mais de dois ou três minutos para um de nós estar do lado de lá. O segredo da vida é tantas vezes trepar em uma árvore e depois subir no ombro um do outro para ultrapassarmos os obstáculos. Só os adultos não sabem disso. Eu já fui adulto, sabem? Mas depois cresci.

(como se apaga uma lembrança eterna?)

Tenho medo do passado, sabe? Medo de que o que foi não volte a ser. E não volta. O pior é que não volta.

As recordações são a prova de que há algo de diabólico e de milagroso no mundo: têm tanto de dor como de prazer.

Como se apaga uma lembrança eterna? Como se apaga a tarde em que você me disse sim pela primeira vez? Pior: como se apaga a tarde em que me disse não pela primeira vez?

Há tanto para sofrer e só uma vida para viver.

A senhora da loja da esquina sofre tanto, e sorri. Até quando só vai ser aceito sofrer tanto e sorrir?

A humanidade tem medo da dor, e por isso sofre.

Corre em mim um vento estranho, um grito que me enche os ossos. Onde estou quando você não está?

A morte serve para valorizar a vida — e para acabar com ela também. A minha ainda não chegou mas você já foi: eis o paradoxo perfeito.

Como continuar?

Em algum lugar há de estar alguém com os seus braços ao redor, em algum lugar há de estar alguém com a vida completa em si. Tenho inveja de quem te ama, e ao mesmo tempo uma admiração incontrolável: quem te faz feliz é o meu melhor amigo, mesmo que seja a pessoa que me tira de ti.

Eu te amo para além de mim, é isso.

Um dia voltarei a ver na imagem do sol não apenas o que vejo hoje: a sua imagem debaixo dele. Você é a imagem que integra todas as outras, uma espécie de supraimagem: de única imagem.

Existe o que te toca ou não existe nada.

A senhora da loja da esquina quer que eu sorria de volta; me esforço mas não consigo: estamos os dois fechados numa saudade que só ela disfarça. Quando deixar de olhar contigo dentro, olharei para o que me rodeia. Por enquanto não; por enquanto quero prosseguir à sua procura mesmo sabendo que você não quer que eu te encontre.

Amar é também continuar a procurar o que não quer ser encontrado.

Eu te procuro para me encontrar. Espero que me compreenda.

A noite caiu, o quarto vazio, um cão ladra ou uiva e parece saber a solidão. Há um lado incompreensível em tudo o que não se explica — e é ironicamente esse o único lado que vale a pena experimentar.

Acontece, por vezes, de eu esquecer que você existe. São os dois ou três segundos mais insuportáveis do meu dia.

(nunca se morre do melhor lado)

Muda-se de lugar para se mudar de ângulo: para a dor doer diferente.

Às vezes prefiro ficar, doer igual, saber até onde chega o que magoa. É então que o milagre da divisão acontece: você chega, me acondiciona no interior dos braços, me diz "vai passar" ao ouvido e me passa os dedos pela pele, como se quisesse me salvar da carne.

Muda-se de pessoas para a covardia doer diferente.

Existimos para explicar a fuga, pouco mais. Ninguém suporta a perda, e tudo se perde: eis o que ninguém explica e ainda assim todos querem. A vida é uma construção a prazo, um edifício temporário, ao qual se dedica toda a vida. Um brinde a quem tenta a coerência, a manutenção da lógica.

Muda-se de ciência para se adiar a morte.

A medicina só é crível para quem se salva com ela. Procura-se a salvação, nunca a sabedoria. Muda-se de tudo menos de amor.

Eu me mudo de tudo menos de ti.

Que nunca os ouvidos se cansem do suspiro, porque é apenas por ele que para a vida me atiro.

Que todos entendam o valor do gemido, que todos sucumbam sob o poder do pedido — e que eu seja o que ama mesmo depois de vencido.

E que nenhuma mão desista de dar, e que nenhuma voz desista de acordar — e que eu seja o demente que fica feliz só por poder andar.

E que nenhuma palavra se diga para magoar, e que nenhum grito se dê para ferir — e que eu seja o que mesmo desgraçado consegue sorrir.

Que ninguém ande por andar, que ninguém desista de querer amar — e que eu seja o que abdica de tudo menos de arriscar.

Que ninguém se entregue sem tudo se entregar, que ninguém pare sem pelo menos tentar — e que eu exija fazer o que um dia ousei sonhar.

E que nenhuma mulher se deite por dever, e que nenhum homem se ame só por nada mais ter — e que eu seja o que faz do orgasmo uma forma de viver.

Que nunca se pense que o prazer é pecado, que nunca se queira ir a menos do que a todo lado — e que eu seja o que faz do "estou gozando" o seu fado.

Que nunca os ouvidos se cansem do suspiro, porque é apenas por ele que para a vida me atiro.

(a puta da razão)

Não há, no mundo, flagelo mais destruidor, mais diabólico, que o flagelo da razão: de um humano que quer ter razão. É a puta da razão (a PDR). A PDR trucida. A PDR mói. A PDR consome. A PDR é uma merda, a pior das merdas que Deus ofereceu aos humanos. A PDR mata o que devia servir para viver. A PDR mata tudo. Mata uma amizade, mata um amor, mata uma cordialidade. A PDR é um rolo compressor. Quantos humanos se separaram por culpa da PDR? Porque um acreditava numa coisa e outro acreditava noutra. E às tantas o que era apenas sobre um assunto qualquer passa a ser sobre as duas pessoas que debatem o assunto e que depois o discutem e depois se atiram uma à outra só porque sim. Só porque a PDR é assim. A PDR traz o pior de você. Te ordena. Você não quer deixar de ter a última palavra. Não quer deixar de sair ganhando. E ofende. E ataca. E vai em frente para não recuar.

Entre os motivos para seguir em frente, não recuar é de longe o mais palerma de todos.

Que se dane a última palavra, que se dane a sua opinião. Meta a sua opinião onde bem quiser mas não queira metê-la no outro à força. Não deixe que a PDR te ordene. Não deixe que a PDR te ordenhe. É isso o que ela faz: vai ordenhando você. Lentamente. Dolorosamente. Vai retirando o seu discernimento, capacidade de avaliação, juízo de valor. Te faz dizer o que não quer dizer só porque ouviu o que não quer ouvir. Em seguida vai ouvir de novo (ainda mais fundo) o que não quer ouvir e vai dizer de novo (ainda mais fundo) o que não quer dizer. E vai doendo cada vez mais longe. E vai ficando cada vez mais irrecuperável. Nunca ninguém regressou ileso da PDR.

Entre os motivos para ficar ferido, querer impor uma opinião é de longe o mais palerma de todos.

A grandeza de um Homem se vê naquilo que faz para defender a PDR. Mais ainda: a grandeza de um Homem está na grandeza da sua PDR — mas em proporção inversa. Quanto maior for a PDR menor é o Homem. Um Homem que se desgasta, que se gasta, que desgasta e gasta os outros, só por culpa da PDR, só para querer mostrar que tem razão, que afinal o melhor xampu é o X e não o Y, ou que a praia da esquerda é melhor que a praia da direita, ou que o Ronaldo é melhor que o Messi e o Pelé é pior que os dois, é um anão, um tampinha, um pequeno coitado. Lutar por uma opinião é engraçado; magoar pessoas e ser magoado por pessoas para lutar por uma opinião é burro. E é perigoso. Extraordinariamente perigoso.

Entre os motivos para correr perigo, magoar pessoas é de longe o mais palerma de todos.

Recuar perante a PDR é a solução. Mandá-la pastar. Não ceder à sua tentação. Eu sei que ela seduz — oh, como seduz. Te apalpa com a possibilidade de ser o maior do seu bairro, te beija com uma espécie de glória pessoal (que você depois perceberá que não vale um tostão furado), te convida para se deixar enredar nos seus braços intermináveis, nas suas vãs coroas de glória. Mas no final vão ficar você e a solidão incomparável das palavras estúpidas que disse, você e a certeza absurda de ter perdido tempo (e queira Deus que não tenha perdido também pessoas) com algo que não valia um segundo seu, um minuto do seu esforço, um momento da sua capacidade intelectual. O grande intelectual não é o que procura a PDR; é o que a ignora. O que não quer conquistar; o que só quer pensar. O grande intelectual não quer saber da razão, até porque ter razão não faz parte do seu processo de assimilação da realidade. O grande intelectual não quer saber da validação externa da razão. E tem razão.

Entre os motivos para pensar, conquistar validação externa é de longe o mais palerma de todos.

Por isso vá. Vá pedir desculpas a quem você magoou só para ter razão. Vá respirar fundo quando tiver vontade de xingar quem pensa diferente de você, quem vê diferente de você, quem sente diferente de você. Vá agora. Vá logo. Você pode até pensar que não há mais tempo, que quando chegar já não vai poder remediar o que a PDR arrasou. E provavelmente até tem razão.

"Quando escurecer prometa que me dá luz."

Foi o que ela pediu, quase desesperada, segundos antes de a luz, inexplicavelmente, se apagar no quarto que ambos partilhavam, num acaso que vale a pena explicar — como todos os acasos, na verdade, valem a pena explicar, o que, paradoxalmente, faz com que deixem de ser acasos, pois se tem explicação não pode ser o acaso a explicá-lo, parece complicado mas é do mais simples que há.

"Quando te vi nua na rua percebi que tínhamos algo em comum. Ambos gostamos de praticar a nudez, mas você prefere, para isso, usar o corpo."

Ele era um seguidor incondicional das novas tecnologias, sobretudo daquelas que lhe facilitavam a vida (afinal não foi para isso que se inventou a tecnologia?), e a poesia, tinha a certeza, era a mais moderna de todas.

"Me abrace de repente."

Foi assim, é tempo então de revelar, que a história dos dois começou: ela nua, no centro da rua de uma cidade de que não sabemos o nome mas onde havia o que há em todas as cidades: pessoas. As cidades são pessoas.

— Temos de chamar a polícia.
— Por quê?
— Para levar esta maluca, ora essa.
— Por quê?
— Está nua, não vê? Ou o senhor também é maluco?
— Por quê?

Foi o diálogo, peculiar, que ele estabeleceu com uma das pessoas que, ao verem aquela mulher nua andando na rua descontraidamente, como se nada estivesse acontecendo (e na verdade não estava mesmo acontecendo nada: apenas uma mulher caminhando na rua como tantas outras pessoas à sua volta, o que raios faz de uma pessoa maluca se está fazendo o que todas as outras estão fazendo mesmo que sem roupa sobre o corpo?), só queriam que aquele pesadelo acabasse de imediato.

"A nudez dói muito sobre aqueles que só se suportam cobertos."

Assim, sem mais nem menos, ele, cheio de si, disse a ela o que pensava. Ela parou, olhou para ele sem mexer um músculo da cara, estendeu a mão de forma educada e apresentou-se.

"Suzana, com Z. Mas pode me chamar de te quero."

Ele sorriu, estendeu a mão, cumprimentou-a de volta e fez o que as regras da boa educação exigem.

"Daniel, com tesão. Mas pode me chamar de vem comigo para casa."

Ambos obedeceram.

Puta que pariu os homens.

A sujidade pútrida de uma cozinha, pratos amontoados, um odor de velho insuportável

(a que cheiram os velhos senão a velhos?),

uma mulher de braços gastos, de braços moídos, perdida entre o cheiro de velho de uma cozinha

Puta que pariu os homens e mais a pila que têm entre as pernas.

Na rua, as pessoas que se tocam, as pessoas que se trocam, e na cozinha a mulher que se esqueceu do que era a rua, que fez da casa a sua rua, da casa onde está a cozinha e o cheiro de velho, e o cheiro de sujo, e o cheiro de saudade que nunca deixou de sentir

Puta que os pariu.

Ficou lá atrás, bem lá atrás, na rua onde um dia andou e onde agora se perde na noite, na noite onde não se vê nada senão a alma

(na noite as almas saem à rua)

Cinquenta anos. Cinquenta anos, foda-se.

Há a cor da solidão pela casa de uma mulher só, de uma mulher absolutamente só com o marido, sentado em frente à televisão, mesmo ali ao lado

(por todo lado há pessoas sós com outras pessoas sós mesmo ali ao lado)

E ainda estou aprendendo o que são os homens.

No sofá da casa e do homem, nos meus tempos de jovem é que era, aquilo é que era comer mulheres, e um dia disse que ia comer quatro numa noite e não descansei enquanto não consegui, e a cara do Zé Tó quando percebeu que eu tinha conseguido e que a caixa de cerveja vinha mesmo para mim, aquilo é que era, naquele tempo é que era

Burra, burra. Burra.

A mulher que não é velha mas que cheira a velha, como a casa cheira a velho, como o homem que habita a solidão da mulher cheira a velho; não se sabe que idade têm, que dias viveram

(a velhice se mede pela vida que se perdeu),

estão velhos porque estão com rugas do que passou, estão velhos porque se deixam acabar, na cozinha que é um monte de pratos, no sofá que é um monte de tristeza, na casa que é um monte de solidão

Como é que você ainda consegue ser tão burra, Joana Paula? Como?

Carlos, amor, vem para a mesa, já vou, Joana Paula, e as palavras que se repetem, dia após dia, como uma música que se entranha na pele e que se esquece do que é, do que vale, do que está por dentro das palavras que se dizem

(há palavras que valem a música que são e não as palavras que são)

A televisão bem alta, as notícias que se sucedem, isso está cada vez pior, onde é que nós vamos parar, o que vai ser deste mundo, isso é tudo um bando de filhos da puta, é o que é,

Eles vêm com falinhas mansas, com aqueles olhinhos. E você pimba. Cai.

E a infelicidade em volta deixa a infelicidade envolta, deixa suportar, deixa aguentar, ainda bem que nos temos assim, ainda bem que temos uma casa para viver, uma comida para comer, uma mulher e um homem para foder

(tudo se resume a uma casa para viver, uma comida para comer e uma mulher e um homem para foder)

Cinquenta anos, foda-se.

Fica o silêncio na casa da solidão, na casa como todas as casas, como todas as solidões

(no final é apenas o silêncio que fica)

Foda-se.

A paz acalma e desassossega em doses iguais. O mundo parece parar para nos ver respirar nestes dias. Como se preparasse alguma — e é assim que a guerra chega. Ninguém suporta a absoluta quietude. A absoluta quietude é promessa de um perigo qualquer. Nada é imutável — sobretudo a vida: a nossa percepção da vida.

O que me fazia feliz ontem me entristece hoje.

A incoerência é, com o erro, a presença da humanidade. Somos humanos porque mudamos: porque somos capazes de mudar. Temos todos a faculdade, e a necessidade, de mudar de local, de encontrar novos lugares no interior do tempo.

Não são os burros que não mudam; são os mortos.

Sou uma mulher feliz e até isso assusta. A felicidade assusta, saber que nada me falta assusta, saber que tudo está bem assusta. O que mais provoca a infelicidade é por vezes a sua ausência — e a certeza de que um dia ela chegará. A infelicidade invariavelmente chega. Mas a felicidade também.

O otimismo não é ver o copo meio cheio; é estar constantemente enchendo o copo.

O mais doloroso e mais fascinante é que o copo nunca está sempre cheio e nunca está sempre vazio. Falta sempre algo e há sempre algo. Eu quis ser casada com o homem da minha vida e sou. Há uma vida que sou casada com ele. Muito já se perdeu entre nós. Já não nos desejamos como antes — mas ainda nos desejamos tanto. Já não nos procuramos como antes — mas ainda nos procuramos tanto. Já não nos beijamos tanto — mas ainda nos beijamos tanto.

O amor é apenas aquilo que continua a ser.

E depois há muito que não tínhamos e agora temos. Nos juntamos para lutar e vamos ganhando. Não podemos dizer que não custa. Custa toneladas. Mas puxamos. Continuamos a puxar. E quando nos amamos mais foi quando tivemos de puxar mais. Os dois pelos dois.

O amor é apenas aquilo que sobra da dificuldade.

Sobra mais do que o que tínhamos no começo. Sobra um amor maduro mas não parado. Sobra um equilíbrio sólido mas nunca o tédio. Sobra ainda a surpresa que vamos conseguindo trazer. No outro dia fizemos amor a noite toda e fomos felizes a noite toda. Fomos para um hotel e nos descobrimos outra vez. É tão bom foder com quem se ama.

Sou uma mulher sem medo das palavras mas mais ainda sem medo dos atos.

Nunca me deixei pousar. Pousar é a rendição, deixar o corpo boiando no mar e esperar que as ondas façam o resto. Gosto de paz mas nunca me rendo. Gosto de quem me proteja e gosto de proteger. Gosto de ser frágil e forte. No mesmo dia, na mesma hora, no mesmo instante. Mas tento. Nunca deixo de tentar. Tenho tanto de heroína como de vítima. Sou a pobre coitada que nunca se deixa coitadar. O pior do mundo são as pessoas que coitadam. Que passam a vida sendo coitadas e é por isso, só por isso, que são coitadas. Ser coitado não vem de fora; só de dentro. E é viciante. Coitadar é uma droga. Um conforto sempre à mão. É fácil, é barato, tira milhões de você. Te impede de tentar porque tentar é desnecessário. Te impede de dar braçadas porque o afogamento é certo. Coitadar é simples, sedutor. Esmagador. Coitadar esmaga o que você é. Você se coitada irremediavelmente. É claro que o mundo às vezes é um cabrão; é claro que a vida às vezes é uma cabra. Nos leva pessoas, nos leva coisas, nos leva sonhos. Às vezes nos leva até mesmo tudo (ou o que julgávamos ser tudo). Mas viver é suportar todos os cabrões e todas as cabras que a vida tem para oferecer.

Por mais lágrimas que chore há sempre uma que me faz levantar.

O segredo é esperar que a lágrima que me revolta chegue. E depois obviamente me revoltar.

Sou uma mulher infeliz e feliz todos os dias: nada mau, não?

(os cinco erros que você deve cometer numa relação)

SER FRACO: sinta sem medo. Sentir é o melhor erro que você pode cometer. O mais delicioso. Sentir é a melhor maneira de viver. Seja frágil porque é apenas humano ser frágil. Não queira ser o mais forte do bairro, o mais forte da rua. Não queira ser herói. Seja você. Seja extravagante o suficiente, seja maluco o suficiente, seja inconsciente o suficiente: vá pelos sentidos, vá pelas emoções. Não tente escapar, não tente fugir; resolva o que sente em você.
Não seja quadrado.

SER INCOERENTE: o amor não é sempre coerente — e ainda bem. Não seja obsessivo acerca disso. Relaxe. A coerência que se foda. É mais importante, muito mais importante, a criatividade. Seja criativo. Todos os dias. Demencialmente. Seja capaz de encontrar novos caminhos em cada novo momento: escreva uma carta de amor, faça um jantar excêntrico, encontre sempre novas maneiras de fazer as velhas coisas de sempre. Erradique a monotonia.
Não seja quadrado.

SER LUNÁTICO: não evite o risco, não evite a utopia. Tente pelo menos o impossível, o intangível. Tente a sorte: procure-a, escave em busca dela, trabalhe por ela, faça tudo por ela. Sonhe grande e faça com que sonhem grande contigo. Amor sem sonho não é amor. E vida sem amor não é vida.
Não seja quadrado.

DISCUTIR: discutir é lutar pelos seus sentimentos, lutar pelo que quer, lutar pelo que te parece melhor. Em nome do amor. Só em nome do amor. Nunca em seu nome pessoal. Nunca por egoísmo bobo. Nunca por orgulho. Nunca por casmurrice. Nunca porque você não quer perder. Nunca porque quer ficar por cima. Nunca porque quer ficar com crédito. Nunca porque quer que fiquem te devendo uma. Nunca porque quer ter razão. Nunca porque tem mania de saber tudo. Nunca. E sempre. Sempre para amar e ser amado. Discuta com quem você ama sempre que necessário — mas sempre com cimento e cola e tijolos na mão: sempre para construir. Amar é construir. O amor é levantado sobre a capacidade de discutir sem destruir. Às vezes é difícil, terrivelmente difícil. Mas um amor que acaba sem discussão não é um amor falhado; simplesmente não é um amor.

Não seja quadrado.

CHORAR: todos os amores têm os seus maus momentos, todos os amores têm momentos em que parece que todo o edifício vai ruir insuportavelmente. Nesses momentos, chorar deve ser feito: chorar tem de ser feito. Para abrir a válvula: para deixar a dor sangrar. Para que o tempo passe, para que a pressão se acalme, para que o que dói se acalme também. Deixe que se acalme, sem pressa. Só assim você poderá voltar a construir. Chore quando chorar tem de ser; deixe o seu amor chorar quando chorar tem de ser. E se faça homem (daqueles homens que interessam: os que choram, claro; os que não têm medo de chorar porque felizmente estão pouco ligando para os velhos e jovens do Restelo que têm medo de chorar, que têm medo de deixar de ser homens sempre que choram: enfezadinhos coitadinhos, não são?) com cada lágrima.

Não seja quadrado.

(sobre a impossibilidade da mentira)

Morre-se sempre depressa demais: eis a verdade universal.
A criança sabe pouco e vive muito, o adulto sabe muito e vive pouco: o equilíbrio é uma utopia, uma filosofia que nem os gênios decodificam. E o amor é a imortalidade possível.
Um dia destes aprendo a aguentar o que não me arrebata — hoje não. Hoje continuo a ser o demente que quer tudo, o maluco que nunca sossega. Chama-se a morte de sossego, para apaziguar a revolução.
Nunca um orgasmo foi sossegado, entende?
Há tantas mentiras para calar a mudança. A estabilidade nasceu para desequilibrar, para que os que mandam tivessem uma arma pacífica: quantos desistiram de tentar com medo de cair?
Um dia destes aprendo a mentir o que me apaga a paixão — hoje não. Hoje continuo a ser o mendigo que tem tudo, o anticovarde que nunca se cala. Chama-se a morte de paz, para apaziguar a dor.
Mas nunca uma vida não matou, entende?

(carta de um velho ao mundo)

Quando você ler estas palavras provavelmente já terei morrido. É tão simples perceber a inutilidade das palavras quando "morte" tem apenas cinco letras e acaba com tudo. O que eu deixo para trás não sei dizer. Deixo a certeza de que fiquei sempre aquém do que pude ser. Fui sempre quase o que quis ser, e provavelmente foi isso, apenas isso, o que realmente desejei ser.

À vida nunca pedi muito e ela me deu tanto. Quando eu era pequeno acreditava no Papai Noel, na felicidade eterna, nos casais que ficavam juntos para sempre. Hoje acredito ainda mais. As rugas tiram muita coisa mas nunca tiram o amor, se um dia você tiver dúvida sobre o que realmente importa na vida pense nisso e chegará a uma conclusão. Se ficar algo de mim neste mundo será o amor que dei e recebi, nada mais.

Por vezes custa estar vivo. Muitas vezes parece que não há saída, que o que dói nunca vai parar de doer. Mas passa. Passa sempre. Fica um pedacinho que nos impede, aqui e ali, alguns movimentos. Mas o que nos bloqueia passa sempre. Haja uma mulher para amar e o mundo continua. A minha mulher é o que a vida me deu, e foi ela que me deu tudo o que a vida me deu.

Nunca lamentei as lágrimas que chorei, os acidentes que me fizeram recomeçar. O tempo serve para recomeçar, pouco mais. A mudança é o que me mantém vivo, tenho vindo a aprender. A cabeça já não é o que era, o corpo já não é o que era, deve ser a isso que chamam velhice, eu sei. Há um corpo que cai e nós aqui por dentro sempre a nos levantar, sempre mais altos. A idade nos eleva tudo menos o corpo. Tudo cede menos o que amamos. O que profundamente amamos.

Amo profundamente quem me faz rir. O senhor das piadas da televisão, Deus o guarde, a senhora do açougue e os seus palavrões que nem me atrevo a pensar, e os que amo. Amar é rir profundamente.

Já me amputaram de pessoas. A morte de quem faz parte do nosso mundo é um pedaço que se vai. Estou com muito menos do que aquilo que já tive mas ainda consigo andar. Viver é mais que tudo conseguir arranjar membros suficientes para, por mais amputações que a vida nos traga, conseguirmos nos mexer. Na minha cabeça estou mais freak do que nunca. O freak é aquele rapaz que não quer saber do que os outros pensam, o esquisito que pensa por si. Um velho ou é um freak ou então está morto. O velho não tem nada a perder e tem de ganhar alguma coisa com isso. Eu ganho. Todos os dias ganho. Digo o que penso e faço o que penso que devo fazer e às vezes até faço coisas sem pensar, e depois percebo que são essas as coisas de que depois me recordo mais que de todas as outras. A memória serve tanto para sofrer como para viver. É lá, na memória, que vivo os melhores e os piores momentos da minha vida. É por isso que tento, todos os dias, construir novas memórias, inventar mais momentos para lembrar. O que fica da vida são os momentos que nos lembram de nós.

Ser um freak é me manter alerta. Há um freak em cada um de nós, mas alguns freaks são freaks covardes, e talvez baste isso para não serem freaks nenhuns. Restam-me poucos dias por aqui, isso é certo. Tento não os contar, passar por eles sem me lembrar do que falta. Acredito que ainda vou cruzar com a euforia algumas vezes, por mais que as doenças apertem e a incapacidade triture. Sou uma máquina de luta contra a insuficiência. Agarro-me ao toque da minha mulher como se me agarrasse ao que me impede de morrer. E nunca morro.

No fundo, como eu te dizia no começo destas linhas que já vão longas (os velhos têm essa mania de falar demais, de contar demais, de saber demais, mas ninguém quer saber dos velhos até que chega à velhice e aí são os outros que não querem saber de quem não quer saber dos velhos, mas eu não me incomodo, a lei da vida é também a lei da morte, fiquei sabendo há muito), quando você ler estas palavras provavelmente já terei morrido. Mas você não. Tente fazer disso uma vantagem.

Que nunca as costas abdiquem de ceder, pois é apenas assim que me aprendo a erguer.

Que todos percebam que vale a pena ouvir, que todos entendam que não há mal em cair.

Mas que ninguém se vergue ao tem de ser, que não haja conforto em nenhum perder.

Mas que ninguém pare antes de chegar, que não haja um desistir antes de um tentar.

E que as pessoas se queiram todos os dias, e que você exija hoje o que ontem queria.

E que as crianças sejam abraços a crescer, e que os velhos sejam os bebês que ensinam a viver.

E que exista um te amo a cada esquina, e que se diga um te adoro que a sorrir se ensina — e que o império do dinheiro seja a suja latrina.

E que não haja mandados nem mandadores, e que não haja humilhados nem humilhadores — e que os cabrões que roubam sejam simples atores.

Mas que toda a justiça tenha costas de aço, que todo o meu destino venha daquilo que faço.

Mas que nunca o orgasmo seja uma raridade, que o som dos gemidos ecoe por toda a cidade.

Que para cada Adeus haja mil olás, que para cada me desculpe haja o amor que se faz.

Que para cada saudade haja mil exaltações, que para cada frieza haja um milhão de vulcões.

Que nunca as costas abdiquem de ceder, pois é apenas assim que me aprendo a erguer.

"Aqui estou, me use."

Foi assim que se apresentou perante ele. Tinham se cruzado apenas uma vez, no ensino secundário, e nunca deixou de ter a certeza de que era aquele, exatamente aquele, o homem da sua vida. Tinha pelo menos a certeza de que seria capaz de morrer por ele, e se não é essa a melhor forma de se saber que é essa a pessoa da nossa vida então não existe qualquer forma de se saber quem é a pessoa da nossa vida.

"Achei que você não vinha."

Não se pode dizer que aquilo que eles deram foi um abraço; foi, isso sim, uma troca de vidas: cada um dos constituintes do abraço entregou-se ao outro como se dentro de ambos não houvesse corpo: como se o corpo fosse um estorvo para o abraço que queriam se dar. Mas um estorvo com sabor, um estorvo com prazer, e se não é essa a melhor forma de se saber que se ama alguém então não existe qualquer forma de se saber que se ama alguém.

"Cheguei a tempo de não ser tarde demais, me basta isso."

E basta. O erro de muitas pessoas é apressar o que é urgente, quando a urgência exige, na maioria dos casos, a paciência de se aquietar antes de se solucionar. Há urgências que exigem maturação. E não é por isso que deixam de ser urgências. A forma como, por exemplo, os dois corpos se juntaram sobre a cama não exigiria mais que um humano para ser percebida por inteiro: nada naqueles movimentos parecia forçado; estavam os dois em casa, como se estivessem sempre dentro de uma intimidade exígua, uma intimidade exclusiva, como se dentro do próprio corpo, e se não é essa a melhor forma de se estar no corpo de alguém então é porque não existe qualquer forma de se estar no corpo de alguém.

"Eu estava com saudade de te conhecer."

O tempo é, mais que a vida, volátil, instável: inexistente, até. O valor do tempo é uma abstração; a extensão do tempo é uma construção psicológica, pouco mais que isso. Quando alguém se queixa de falta de tempo está, na verdade, se queixando de falta de si no tempo: de falta de tempo de vida por dentro da vida do tempo. Simplificando: quando alguém se queixa de falta de tempo está, em suma, se queixando de falta de si. Eis uma queixa que nem ela nem ele iriam, a partir de agora, fazer.

"Sou perfeitamente capaz de viver sozinha, desde que você esteja ao meu lado."

O amor mata. Mas apenas porque dura, na pior das hipóteses, até a morte.

Amar é metade daquilo por que vale a pena viver. E a outra metade é ser amado.

(carta de um adulto ao mundo)

Continuar todos os dias faz chorar.
O passado sobrepõe-se, teimoso, e damos por nós a perceber que já não somos crianças, que já não somos sequer jovens. O tempo passa e nos leva com ele. Ganhamos tanto e fica sempre a sensação de que perdemos tanto também. A vida prossegue e o corpo prossegue. Tudo a caminho do final. E nós no meio, perdidos, a cabeça sem saber se é corpo se é alma.
Viver todos os dias é maravilhoso e não deixa de ser horrível.
As responsabilidades apertam, comprimem. Quanto mais você cresce menos pode cair. Menos há margem para queda. Um adulto é sempre uma criança com excesso de responsabilidades. Com excesso de obrigatoriedades. Uma criança é feita para cair, um adulto é feito para se levantar. Todos os dias levantar. Perde-se o emprego e tem de se levantar. Perde-se um amigo e tem de se levantar. Perde-se uma oportunidade e tem de se levantar. Perde-se tudo e tem de se levantar.
Levantar todos os dias magoa.
E o cinzento estrangula. Coloniza. Integra-nos inteiros. Distraio-me um segundo e já estou nele: completamente cinzento, uma malha absurda de mais ou menos, uma teia irrespirável de meia-felicidade-meia-infelicidade. O rame-rame não é uma onomatopeia; é uma doença. A rotina contagia — mas contagia porque não consegue contagiar. A rotina contagia pela incapacidade de emocionar, de mover, de abalar. Repetir apenas o irrepetível: eis o que temos de procurar.
A emoção todos os dias corrói mas não ter emoção todos os dias mata.
Ontem era jovem e tinha todos os sonhos do mundo; hoje sou um quase-velho e tudo o que consegui foram quase-sonhos. Já fui feliz. Claro que já fui feliz. Já consegui abraçar, beijar, amar. Mas parece sempre pouco. Viver parece sempre pouco. E há dias em que viver parece demais. Dias em que é urgente deixar de viver. Time-out. Standby. Ficar apenas por ali, olhando de fora para dentro de nós; tentar entender o que somos, o que queremos. No fim, tudo continuará na mesma e nada ficará como antes.

Tudo continuar na mesma e nada ficar como antes todos os dias cansa.
Sou um adulto e não sei quem sou: eis a única declaração possível. Eis a única verdade possível. Quero ser a criatura mais feliz do mundo e lutarei até o fim dos meus dias para isso. Mas talvez seja isso, essa fúria de felicidade, essa luta imparável, que me impede de ser feliz. Talvez eu queira demais ser feliz. Talvez ame demais, talvez exija demais. Mas só o que é demais não é erro.

Há dois dias eu era um menino e dentro de dois dias sou um velho: aqui jaz um adulto. É por isso, por serem atores da verdadeira adolescência, o estado de transição entre o começo e o final, que os adultos nunca serão criaturas livres. Porque não são capazes de não pensar como as crianças, porque não são capazes de não pensar como os velhotes. Os adultos têm muito a perder e é por isso que se perdem. Se perdem na carreira que querem ter, na família que querem ter, no futuro assegurado que querem ter. Os adultos se perdem no que querem ter e se esquecem do que já são. A vida, para um adulto, é aquilo que acontece enquanto estão que nem estúpidos a pensar na vida. Um adulto está no pico de tudo e raramente consegue sair do chão.

Pensar na vida todos os dias aborrece.

Os adultos são um tédio. Eu sou um tédio. E o pior é que sei que sou um tédio. Sei que já não tenho a paciência que tinha para aguentar o que tenho de aguentar. Sei que poderia rir mais, que poderia tentar mais, que poderia voar mais, que poderia amar mais. Mas me falta juventude para isso. Me falta coragem para isso. Penso no que posso perder e abdico do que posso ganhar. Os adultos são um tédio. Os adultos são uns bananas.

Ser banana todos os dias irrita.

Eu sou um adulto e sou feliz: quantas vezes o dissemos — e sentimos — mesmo?

As suas lágrimas. Como se me entrassem pela pele. Dissemos o que não devíamos e depois o choro. Depois sempre o choro.

"As pessoas falam demais quando magoam. É tão simples e ainda assim se repete: as pessoas falam demais quando magoam. As palavras não existem para magoar. Quem inventou as palavras inventou-as para amar. Mas depois chegam os outros, os que encontram outros usos. O problema das coisas, de todas as coisas, nunca são as coisas; é o uso que delas é feito. Até um beijo pode matar, até um abraço pode doer. O problema de todas as coisas é o uso que as pessoas fazem delas. Eu te usei para libertar o que me fazia doer. E doeu em você. A imbecilidade das pessoas é muitas vezes fazerem do que lhes dói o que vai doer nos outros: usar o que dói como arma para doer. Que estupidez. As pessoas falam demais quando magoam."

Escreveu assim no seu caderno de reflexões ("O Livro do Miserável"): só escrevia quando apertava, quando as palavras lhe saíam pelas mãos. Depois o pousou onde sempre o pousava, no corredor, entre a sala e o quarto, onde sabia que ela iria passar e parar. Iria ler e iria entender. Seria o primeiro passo para perdoar.

"Entender é o esboço de tentar. Tentar é o esboço de conseguir. Quando você me entende dói menos. Quando percebe que só falo o que me impossibilita de viver. É uma questão de sobrevivência. Matar ou morrer. Eu te peço que entenda. Mais uma vez. Peço que perceba que há instantes que me impedem de continuar. E há que sangrar. Pior: há que fazer sangue. É muitas vezes o sangue que salva vidas. É ele o aviso, o alarme. Há que salvar o sangue para salvar uma vida. Ou duas. Como as nossas. Me entenda. Por favor. Entender é o esboço de tentar."

A noite iria ser longa. Uma interminável sucessão de lembranças, uma interminável sucessão de dúvidas. Provavelmente um dia seria de vez. Provavelmente um dia ela iria entender o que ainda não entendera: que nunca deixaria de ser assim. Ele iria continuar a ser isto. Apenas isto. Um humano que precisa explodir. Um humano constantemente em rota de colisão ("em rota de solidão") consigo mesmo — e que, para sobreviver, colide com quem ama. Um egoísta, no fundo. Um reles e tenebroso egoísta, capaz de sacrificar quem ama para evitar o sacrifício final. Um dia ela iria entender. Um dia ela iria desistir.

"Estou sozinha de ti. Vem."

Mas hoje não.

(carta ao cabrão insensível)

Meu grandessíssimo cabrão:

Escrevo para dizer que você é um idiota da pior espécie. Um estúpido. Um monte de bosta. Um pedaço de asno. Eu poderia, por isso, ficar por aqui nesta missiva — até porque o mais importante já está dito. Mas prefiro te explicar, pacientemente, por quê.

Quando gostar de alguém, não tenha medo. Não seja covarde. Não seja poucochinho. Não se esconda em semipalavras, em semiatos. Quando gostar de alguém, vá com tudo, vá contigo todo, com tudo o que você é, com tudo o que sente, com tudo o que tem para dar. Seja romântico, seja cafona, seja incansável, seja sonhador e faça sonhar. Seja utópico — por que não? Faça planos em conjunto, imagine em conjunto. Faça como nos livros, faça como nos filmes: não acredite na treta do impossível, na treta do improvável. Não acredite na treta de que o amor é treta. Essa é a mentira que os toscos inventaram para poderem ser toscos. Vá com quem você ama até o fim do mundo todos os dias. Até a última gota não é uma forma de vida; é a única forma de vida. O resto é merda.

Diga que ama se ama. Mostre que ama se ama. "Sim: eu amo" — qual é a dificuldade de dizer isso? "Sim: eu te quero" — qual é a dificuldade de dizer isso? "Sim: eu preciso de você" — qual é a dificuldade de dizer isso? É tão simples ser feliz por dentro do amor. Tão simples. Basta amar e não temer amar. Amar só dói quando não se ama — qual é a dificuldade de entender isso?

Não se esconda de si por toda parte. Não vá na cantiga do macho latino, do macho que não está habilitado a sentir — e que por isso tem de ser, por fora, intocável, sempre sólido. Sólido mas é o caralho. Sólidas são as pedras. Sólidos são os cubos de gelo — e até esses, quando começam a aquecer, se derretem todos. Não queira ser um bruto só porque te impingiram que você tem de ser um bruto. Os brutos tendem a sofrer brutalidades — e a fazer sofrer brutalidades. Os brutos não fazem falta nenhuma ao mundo de ninguém. Os brutos não fazem falta nenhuma ao mundo todo. Se sente, vá. Se quer, tente. Se tem vontade, invente. Se um livro te faz chorar: chore. Chore porque é gente, porque é pessoa, porque tem muito mais do que um corpo. Se um abraço te emociona, se deixe levar nessa emoção, se contagie e contagie, vá até o final dos ossos, até o começo das veias. Se é homem sinta — qual é a dificuldade de entender isso? Só não sente quem nem sequer é gente.

Esqueça os preconceitos. Esqueça as frases que te inculcaram como se fossem leis universais. A sociedade que vá dar banho no cão se por causa dela você perde o que tanto quer. Entre a sua saúde e a saúde da sociedade não hesite: escolha a sua. A sociedade se adapta. A sociedade se adapta sempre. É isto a história da humanidade, nada mais: as pessoas escolhendo a própria sanidade, escolhendo a própria felicidade — e a sociedade, diligente, correndo atrás. Não corra atrás dela; deixe que ela corra atrás de você. E é se quer. Se não quiser deixe-a ficar e vá cuidar da sua vida. Vá cuidar da sua vida: eis o segredo, eis a fórmula. Vá cuidar da sua vida. Cinco palavras, cinco simples palavras, e está tudo dito. Vá cuidar da sua vida. Vá sempre cuidar da sua vida. É ela que te importa. É sobretudo ela que tem de te importar. A sua vida e a vida de todos aqueles eleitos que fazem parte dela. Trate dela. Trate deles. Concentre-se no que importa. Guarde as forças para o que importa. O resto é merda.

Tudo isso para te dizer, talvez você já tenha esquecido, que você é um idiota da pior espécie. Um estúpido. Um monte de bosta. Um pedaço de asno. Creio que você já percebeu por quê, certo?

Você não merece, por isso, um único pedacinho do meu amor. Mas já o tem todo.
Veja se o conserva direito, meu cabrão insensível.

O risco é sutil mas assusta. Uma pessoa nova é um risco novo, uma oportunidade para novas oportunidades — e para novos erros, claro. Cada pessoa é no mínimo um motivo para amar. Cada pessoa é no mínimo um motivo: aproveite-o.

Foi com esse pensamento que ele se aproximou da mulher que queria levar ao altar. Antes, contudo, sabia que teria de levá-la para outros lugares. Quem sabe um café primeiro, quem sabe depois um passeio à beira-mar, quem sabe depois um jantar, quem sabe depois um jantar mais estendido no tempo (e quem sabe na cama)? Por enquanto só tinha de perceber como lhe dizer que a queria sem lhe dizer que a queria. O mais curioso na sinceridade é que raramente pode ir à frente de todo o resto. Antes da sinceridade vem a possibilidade: o que se pode dizer. A sinceridade chega mais tarde, bem mais tarde, quando a sedução se faz por outros caminhos. Antes é urgente fascinar: lançar a âncora. E as âncoras raramente são sinceras. Nunca ninguém que quer amar alguém que não conhece diz "olá, eu sou o Pedro e quero te amar". E seria tão mais simples. Mas as pessoas perdem tempo com a sedução para o amor — talvez porque a sedução para o amor seja uma das mais encantadoras partes do amor.

Há tantos casais que se apaixonaram pela sedução e não por quem os seduziu.

Então se aproximou, quis dizer alguma coisa mas a voz parou, ela também parou, ficaram alguns segundos (não devem ter sido muitos mas para ele foi uma vida inteira a olhá-la e a guardá-la para mais tarde recordar, sabe-se lá se teria oportunidade de vê-la de novo) suspensos no tempo, um no outro, na verdade, até que ela mesmo sem falar disse "quero", ele sem falar disse "vamos tentar" — e quando as palavras finalmente chegaram só disseram as trivialidades que sempre se dizem: "boa tarde, não sou daqui e gostaria de saber onde fica a praça tal", "boa tarde, a praça tal fica na rua tal perto da loja tal", "e isso é longe ou posso ir a pé", "é aqui ao lado mesmo", "que bom", "eu por acaso estou mesmo a caminho dessa região e posso te acompanhar até lá", "seria excelente, obrigado", "que é isso, que é isso", "Pedro", "Bárbara", e o resto ficará para a história, a deles, claro, que esta nossa acabou agora mesmo, peço desculpas, e até a próxima, esperemos que por dentro de outro amor qualquer.

Encontrei, finalmente, o sentido da vida: o sentido proibido.

(manual incompleto do que você deve mandar para o raio que o parta)

Despreze.
O que não te abala da ponta dos pés à ponta dos cabelos.
Quem te diz que depois ama, que "quem sabe um dia?", que "claro que sim mas agora não, que não dá".
Aquilo que não te traz sonho, que não te traz ilusão, que não te permite tirar os pés do chão.
Encaminhe para o raio que o parta.
O que não te apaixona, o que não te faz sentir menino outra vez, adolescente outra vez, vivo outra vez.
Quem te pede precaução, quem te diz "quem avisa amigo é".
Aquilo que é relativamente bom, agradavelmente razoável, educadamente comedido.
Mande se encher de moscas.
O que te puxa para trás, o que te faz ter medo.
Quem te diz "mas" a toda hora, quem só encontra problemas, quem é especialista em "contudos".
Aquilo que não assusta, aquilo que não arrepia, aquilo que pode acontecer ou não acontecer que pouco ou nada se altera em você.
Não ligue.
Para o que ontem você foi e pensou e sentiu.
Para quem te explica que você não pode mudar, que a coerência é humana.
Para aquilo que é imutável, para a incapacidade de sentir que o mundo todo pode mudar de um dia para o outro porque você mesmo pode mudar todo de um dia para o outro.
Sugira dar banho no cão.
O que só te traz proibições, o que te comprime sem razão, o que te impede de respirar.
Quem não te dá coisas novas todos os dias, abraços novos todos os dias, experiências novas todos os dias.

Aquilo que não tem amor incluído, aquilo que não tem emoção incluída, aquilo que é tão intelectual que só pode ser maquinal.

Defeque.

No que não te fica na memória, no que não é inesquecível, no que não é irrepetível.

Em quem não falha, no desgraçado do perfeitinho, no constantemente limpinho, no cabrão do certinho.

Naquilo que te traz más sensações, no que o seu instinto inexplicavelmente rejeita, no que você não sabe porque não quer mas realmente não quer.

Conduza para a real meretriz que o deu à luz.

O que te faz ser orgulhoso, o que te faz ser prepotente, o que te reprime a entrega.

Quem te diz que é impossível, quem nunca pede desculpa, quem tem vergonha de tentar, quem não aguenta ceder.

Aquilo que você acabou de ler se não o sentiu porque só existe o que se sente, porque só o que nos lê merece ser lido, porque nenhuma leitura se faz antes do leitor, porque

só é poesia
quando o poeta
o lê.

Sentaram-se lado a lado. Junto à porta de emergência, como sempre. Ele acreditava que tudo, na vida, era urgente — que tudo, na vida, era uma emergência. Na estrada, guiava sempre acima do limite: no risco máximo. Usava as luzes de emergência e comprara, até, uma sirene. Não queria perder um único segundo — fosse do que fosse. Até a dor teria de ser vivida com emergência. Se tinha de doer: que doesse já. Ela não o conhecia mas o olhou como se olha um filho. Ou então o olhou como se olha um pai. Ou então o olhou simplesmente como se olha. A ela: como ela se olha. Como se estivesse se olhando. O avião estava cheio: o silêncio também. Não disseram uma só palavra (atrás, ouvia-se a voz de alguém em diálogo aceso com rigorosamente ninguém). E no entanto, na saída, ele sorriu, ela sorriu. E se deitaram juntos na mesma cama. No final, quando acordaram do que nem chegaram a adormecer, ele disse sem uma palavra que tinha de ir: que era urgente ir. Ela disse sem nada dizer que sim, que ir era preciso. E ficou. Nem um nem outro perceberam que foram, naquele avião, a ínfima possibilidade, a derradeira felicidade. Havia outro avião para pegar. Ele, com urgência, chegou a tempo. Ela não.

O meu pai é o maior, pensava o menino, ansioso, junto à porta 10 do aeroporto. Sabia que ele estava quase chegando. O meu pai é o maior: vai trazer uma camisa do Messi. Sabia que o seu herói seria o primeiro a sair (era sempre o primeiro a sair e o primeiro a entrar em qualquer lugar). O meu pai é o maior: vai me ensinar a finalizar como o Ronaldo. Sabia que o seu herói o olharia com olhos felizes e lhe faria a pergunta de sempre: "que mão você quer", enquanto escondia as duas mãos atrás das costas. E o menino responderia a esquerda ou responderia a direita. E nunca iria acertar — porque o seu herói iria dizer, como sempre dizia, que é apenas com as mãos vazias que se está pronto para viver. O meu pai é o maior: vai me pegar com as duas mãos e me ensinar a voar. Sabia que o avião, o do seu herói, estava atrasado. Sabia que havia uma grande confusão, de repente, no aeroporto. Sabia que havia senhores polícias e homens com máquinas fotográficas e microfones. Mas só lhe importava saber que o avião, o do seu herói, estava atrasado. O meu pai é o maior: vai me levar nos ombros até o carro e me dizer que estou ficando grande e que um dia vou ser maior do que aquele jogador muito grande que eu gosto de ver na televisão — aquele que marca muitos gols com a cabeça. Sabia que cada vez a confusão era maior, que cada vez havia mais pessoas no aeroporto e que muitas dessas pessoas estavam chorando. Sabia que o avião já devia ter chegado há muito. Mas só lhe importava saber que o seu pai haveria de ser o primeiro a sair por aquela porta, em frente à qual ele esperava já havia muitas horas. O meu pai é o maior: vai me levar à pizzaria só para me dizer que não vou à pizzaria, só para me provar que só se recusa mesmo uma coisa quando estamos à frente dela, quando podemos tê-la de verdade — e eu não quero ir à pizzaria a não ser para saber que não quero ir à pizzaria. Sabia que os choros eram cada vez mais, que a multidão era cada vez maior, que os senhores das máquinas fotográficas e das filmadoras não paravam de tirar fotografias e de filmar. Mas só lhe importava saber que o seu pai já não demoraria. Sabia que abriria a porta antes de todo mundo, que correria para ele e conseguiria chegar aos seus braços ainda antes que a segunda pessoa tivesse tempo de abrir a porta. E assim foi.

desiste-se de tudo menos da queda da ferida
ou da maneira fétida como a morte apodrece
quem ainda está vivo:
sou a selva que o fogo se esqueceu de queimar
dejeto vadio
a miragem prometida que falhou a promessa

ficou quem resistiu
nunca quem venceu
porque a derrota é mais humana
do que o sonho

aqui jaz a esperança tirana de uma bala
perdoa-se quem mata
mas não quem ama
de que terra veio a gente desta terra

e ninguém responde
mesmo que todos tenham respostas

aqui jaz o abutre vendido de vítima
e atacam-se as mãos
mas não quem as mexe

e toda a humanidade é simples desuso

(diário de um humano)

Sábado.

Quantas mortes têm de existir enquanto você me olha? B. me entra na boca como se me entrasse na vida. E nem avisa. A vida é a capacidade de várias vidas na nossa. Deixar entrar para poder sair. E a boca de B. Os lábios a me ensinarem a existência. Medo e tesão: o que excita mais? Quantos pássaros têm de morrer para você me olhar assim?

Domingo.

O sol dói. Luz, esperança. Há dias que exigem a fé que por vezes não tenho. Todo mundo escondido debaixo dos meus braços. Quero fugir de mim. As rugas na minha cara. Como se chega ao que somos? Como me tornei o que vejo no espelho? E o amor. Falta sempre qualquer coisa quando nos falta o amor. Fui o caminho possível, o destino que encontrei. O sol cada vez mais alto. Escrever para que a luz se vá. Até que a luz se vá. Eu queria me esconder debaixo dos braços de alguém, ser o filho e nunca o pai. Como me tornei salvador quando ainda nem sequer consegui me salvar?

Segunda.

As pessoas e a dor. É a tragédia que sustenta o mundo. Ver que alguém sofre para evitar que eu sofra, provocar dor para me impedir de doer. A noite escura e a paz de só eu. Pensar na possibilidade de. Passo os dias pensando na possibilidade de. De uma história, de uma ideia. Em volta todo mundo magoa todo mundo. O quarto vazio e eu vazio. A felicidade pode muito bem ser um quarto vazio e eu vazio. O que estraga o mundo é espaço vazio a menos, demasiadas coisas para tão pouco espaço. A dor é uma questão de espaço. Todas as dores são uma questão de espaço. O quarto vazio e eu vazio. As pessoas e a dor. É a claustrofobia que faz andar o mundo. E parar também.

Terça.

Uma turma de sonhos diante de mim. A juventude vale pelo que ainda não fez, como os velhos valem pelo que já fizeram. No meio estão os desgraçados que querem fazer e não sabem como. Nunca se sabe como se faz. O segredo da felicidade é nunca saber. E indagar, descobrir, cometer erros. Ensino as letras como se ensinasse a cura para a morte. Preciso do exagero para sobreviver. A tristeza de não ser possível exagerar mais. Somos todos exagerados reprimidos. Gosto do risco máximo do excesso. Quando eu morrer que se lembrem de mim pelo que fiz a mais, e nunca pelo que não fui capaz de fazer.

Quarta.

Voltar ao seu corpo como se voltasse para casa. Os seus lábios e um abraço. A roupa a mais quando se quer assim. Os vizinhos invejosos por alguém amar inteiro. Gosto da maneira como você se guarda no interior do meu peito, os meus braços abertos e você como se esperasse a chegada da morte. É tão inexplicável a sua pele. A vontade de chorar. Ou existe o eterno ou existe o nada. A carne bruta e um poema no seu orgasmo. Gosto da maneira como você me pede por favor para ser humano. Existe algo de solene na forma como você me faz perder a vergonha. Ser feliz é credibilizar o pecado, e certamente pecar.

Quinta.

Pesa tanto ter de ser. O cansaço de haver necessidades e tantas formas de ocupá-las. Viver é decidir que necessidades saciar primeiro, que precisões suportar. A minha mãe e as lágrimas do que deixou perder; o meu pai e a tentativa da razão primeira das coisas. Queria encontrar a raiz da ternura, descobrir onde começa o abraço. E depois vem você e o seu prazer. Há tanto amor no mundo, e é assim que vamos nos suportando. O mais importante é sempre reduzir a importância a nada, entender a minúscula dimensão da matéria. Se eu morresse nenhuma parte do mundo se alteraria, e mesmo assim haveria quem me amasse e a sua dor. A dimensão de uma pessoa se mede pelas outras pessoas que a amam, pelo espaço que preenche nas precisões de quem a tem consigo. Um dia descubro de onde vem a humanidade, mas para já vou apenas amar.

(por que é que os homens são todos uns brutos?)

Creio ter descoberto a razão pela qual as mulheres dizem que os homens são uns brutos. É porque os homens são mesmo uns brutos. Os homens não são uns brutos porque têm de ser uns brutos; os homens são uns brutos porque querem ser uns brutos.

O grande homem, para a grande mulher, não é o homem invencível. O homem invencível é um tédio — quanto mais não seja porque, vá lá, vence sempre. O grande homem, para a grande mulher, é aquele especialista nos quatro equilíbrios fundamentais. Vamos a eles.

1. Perfeição vs. Insuficiência. O grande homem é suficientemente perfeito para poder ser capaz de proteger, de defender, de se entregar, de resolver; mas também tem de ser suficientemente imperfeito para ter insuficiências, fragilidades, coisas que não consegue fazer, lágrimas que não pode evitar chorar. O grande homem é grande o suficiente para não ter medo de ser pequeno. É daí que vem a sua grandeza.
2. Psicologia vs. Ação. O grande homem é suficientemente piegas para jantar à luz de velas, para adorar ver uma comédia romântica, para passar a noite a massagear os pés de quem ama, para abraçar e mimar e beijar com dedicação extrema, para tratar a sua grande mulher como o diamante que ele sabe que ela é; mas também é suficientemente selvagem para experimentar caminhos ousados, passos que fazem perder o fôlego, a indecência quando a decência parece pouco. O grande homem não é só aquele pelo qual a mulher respira; é, também, aquele que a faz perder a respiração.
3. Comum vs. Único. O grande homem é suficientemente comum para ser fiel, para respeitar, para amar com tudo o que tem para amar, para ser antiquadamente romântico; mas também é suficientemente único para ter traços distintivos, marcas só suas, idiossincrasias encantadoras. O grande homem é ordinário sem ser banal, um homem exatamente como os

outros e por isso mesmo um homem diferente de todos os outros. O grande homem não é diferente porque precisa marcar a diferença; o grande homem marca a diferença porque é diferente.
4. Coerência vs. Transformação. O grande homem é suficientemente previsível para a mulher saber com o que pode contar, para lhe oferecer a segurança absoluta de que ela, tantas vezes, necessita; mas também é suficientemente imprevisível para ser capaz de oferecer a surpresa, a tão importante metamorfose. O grande homem é coerente sem ser previsível.

Em suma, todos os homens têm, em si, habilitações mais que suficientes para não serem brutos nenhuns. Mas entre alguns deles há ainda uma concepção de jerico, segundo a qual a grande mulher é a que tem o grande rabo ou as grandes mamas. Muitos defendem que sexo com uma boazona é uma maravilha. Será, meus caros. Será. Mas com amor é muito melhor.

A chave é sonhar.

E cagar nos profetas da impossibilidade. Naqueles que dizem "sim, mas", naqueles que dizem "não é possível", naqueles que dizem "não vamos ser capazes", naqueles que antes de dar um passo têm de saber onde vão pisar. Coitados. Não sabem que só o que é surpresa nos surpreende, e que só o que nos surpreende nos mantém vivos.

A chave é sonhar.

E escolher para estar contigo quem saiba sonhar contigo. Quem não lhe corte as asas pela raiz. Quem não lhe impeça o voo antes de haver pelo menos uma tentativa de voar. Quem não lhe feche uma entrada que ainda nem sequer tentou abrir.

A chave é sonhar.

E trabalhar. Trabalhar. Sempre trabalhar. Trabalhar para esse sonho. Trabalhar para todos os sonhos. E ir à procura do que ninguém tem — pois se alguém tivesse já não poderia ser o seu sonho, o seu tão especial sonho. E chegar aonde ninguém chegou, tocar onde ninguém tocou, arriscar o que ninguém arriscou — pois se alguém já tivesse chegado, tocado ou arriscado já não seria a sua chegada, o seu toque, o seu risco. Trabalhar. Sempre trabalhar.

A chave é sonhar.

E ter medo. Ter muito medo. Ter sempre medo de que desta vez seja de vez, de que desta vez não dê. E continuar a tentar que dê. A demencialmente tentar que dê. A ir por um lado, depois por outro, depois pelo meio, até que por vezes você tem mesmo de ir por um lado que ainda não existe, por uma porta que você vai ter de inventar, por uma direção que vai ter de encontrar. Ter medo. Sempre medo. Orgulhosamente medo. E continuar.

A chave é sonhar.

E ir até o fim dos dias assim. Nem que haja uma doença, nem que haja uma perda, nem que haja uma ausência, nem que haja uma dor, nem que haja uma precisão, nem que o emprego acabe, nem que o dinheiro se vá, nem que a fé se evapore. Sonhar. Sempre sonhar. E o pobre sonha como sonha o milionário, e o doente sonha como sonha o saudável, e o que precisa sonha como sonha o que tudo tem e que mesmo assim de tudo precisa. Sonhar. Sempre sonhar. Com a cura para a doença, com o abraço final, com a verdade total, e até com a casa perfeita no lugar perfeito com a companhia perfeita. Sonhar. Sempre sonhar.

A chave é sonhar.

E começar. Começar todos os dias. Como se fosse a primeira vez. E porque é mesmo a primeira vez. Começar. O projeto, a relação, a ideia, o caminho, a aprendizagem. Começar. Sempre começar. Mesmo o que já acabou. Mesmo o que está quase acabando. Começar. Sempre começar.

A chave é sonhar.

E ter coragem. Ter a puta da coragem de ir contra o que assusta. Ter a puta da coragem de ir contra o que todo mundo pensa que é o mais certo. Ter a puta da coragem de não abdicar do que você vê, de não tapar o que olha, de não eliminar o que quer. Ter coragem. Sempre coragem. A absoluta coragem.

A chave é sonhar. Sempre sonhar.

E amar.

Vem. Quero sonhar contigo para sempre.

Que nunca a pele abdique das rugas, pois é apenas nelas que me assumo sem fugas.

Que só o orgasmo me rasgue a pele, que só o prazer me faça devoto fiel.

E que nada se passe para aquém de mim, e que eu seja o insano que vive sem fim.

E que todos os homens se abracem sem medo, e que beijar e amar jamais sejam segredo.

Que haja grito, gemido e esgar — e que eu nunca me canse de viver e gozar.

Que haja "vem", "ama" e "sente" — e que todas as pessoas sejam pessoas e gente.

Que não haja quem pense que viver é continuar, que a euforia seja o mínimo que me possa contentar.

Que não haja o que se deita apenas para vencer, porque é apenas assim que se festeja o perder.

Que nunca da mediocridade se faça lei, que nunca eu esconda toda a verdade que sei.

Que eu erga a voz por mais que me doa, que eu seja o que sofre e pena — e que ainda assim perdoa.

Que nunca a pele abdique das rugas, pois é apenas nelas que me assumo sem fugas.

Nenhum amor serve para destruir.

E é essa a diferença entre amar demais e amar inteira, entre te querer para sempre e te recusar até nunca mais. Acreditei que o amor era isto: essa precisão, essa doentia necessidade de você, essa incapacidade de continuar para além do que fomos, para além do que você é, para além do que não podia deixar de ser. Acreditei que amar era a maior das precisões, a maior das necessidades. E foi assim que, lentamente, fui me desnecessitando: deixando de precisar de mim e passando a precisar de você no meu lugar. Eu me anulei para te deixar entrar; saí do poder para te deixar governar.

Mas até os amores desgovernados precisam de governo.

Havia a destruição entre nós. Pouco a pouco, todos os dias, íamos nos aniquilando, devorando, canibalizando sem piedade. Eu queria sempre mais de você e você queria sempre mais de mim. E não havia carne para tanta fome. E não havia medo para tanta vontade. Construímos, em nós, no que fomos, uma arma de destruição em massa: uma arma de destruição passiva e ativa.

Todos os amores servem para construir.

Deixamo-nos de corpo há tanto tempo e a alma ainda te procura. Ainda cedo, aqui e ali, à tentação de saber como você está, à fraqueza de um telefonema seu que não consigo deixar por atender, às suas palavras que me garantem que desta vez será diferente, que desta vez você virá como homem e não como guerra. Vivo ainda em você, vivo ainda — não há dia em que não te veja por dentro dos olhos — com o que você é debaixo do que sou ou até por cima do que sou. Mas aprendi que o que somos e fomos não é nem nunca foi amor. Amor é aquilo que faz de quem ama mais do que aquilo que sem ele poderia ser — e nós só fomos nos reduzindo a cada vida que dividíamos. Amor é aquilo que nos obriga a ser melhores do que aquilo que somos — e nós só fomos piorando, cada vez mais maus, cada vez mais egoístas, cada vez mais vingativos, a cada dia que nos enfrentávamos. Amor é aquilo que não tem explicação mas que ainda assim se explica pelo bem que faz em nós — e nós só conseguíamos ser inexplicáveis porque tudo o que nos fazíamos era mal. Amor não é o que nós somos — nunca foi o que nós fomos. E é por isso que agora, que sei que te amei demais e que por isso (porque amar não é nada disso) nunca te amei na realidade, sou capaz de perceber que só o que nos mata nos torna mais fortes; só o que nos obriga a morrer uma e outra e outra vez, morrer mesmo, morrer até ao fim, só isso é que nos torna mais fortes. E hoje, por mais que eu pense em você, já não sou capaz de pensar em nós, em outra vez nós, em dolorosamente nós. Até porque, fique sabendo, nunca existiu nós. Só existiu eu menos eu e você menos você. E amar é a conta em que um mais um se faz tudo — e eu e você só fomos capazes de nos fazer nada: de nos desfazermos em nada.

Te amo demais para ser capaz de te amar.

"Os velhos que se fodam."

Foi assim que José respondeu quando o seu colega de quarto lhe falou na espera que tivera de aguentar no supermercado: "Mais de dez minutos por causa de uma velha que queria ter um desconto qualquer que estava num catálogo qualquer que ela leu num café qualquer. Dez minutos, porra. E o povo ali fervendo, cara. E a fila sempre aumentando".

"E você não foi para cima dela?"

José gesticula, gesticula muito, muito mesmo. "Não, cara. Aguentei, tive de aguentar, eu e todo mundo. E o raio da velha sempre com mais perguntas, sempre de cara feia, ainda por cima. Ali a dar um tédio descomunal à turma e sempre de cara feia, como se a culpa ainda fosse nossa e ainda estivéssemos todos ali lhe fazendo um favor."

"Os velhos são assim: o mundo está todo contra eles. E quando não está é porque está com pena deles. Os velhos têm caruncho na alma, são ranzinzas. Se queixam da passagem do tempo mas são eles que deixam que o tempo passe. O tempo passa por cima deles, é o que é. Não digerem o mundo; o engolem. Pensam que já lhes resta pouco para viver e acabam por não viver bulhufas. Os velhos me dão nojo."

José se levanta, abre a janela, vai fumar um cigarro, pensativo, enquanto o seu colega de quarto continua a contar o que lhe aconteceu: "De maneira que a dada altura tem um cara qualquer que, de lá do fundo da fila, manda a chata da velha para aquele lugar. Parece que o supermercado parou nesse momento. Ela vira logo a cabeça e lhe lança um olhar que o calou imediatamente. A ele e a todo mundo. Ui, que medo. Até me arrepiei todo, meu chapa".

"Os velhos têm olhos velhos, olhos cansados. Os novos, esses, nunca se cansam pelos olhos. E sabe por quê? Porque não olham; sentem com os olhos. E é bem diferente, é mesmo o contrário, se quer saber. Olhar é o oposto de sentir com os olhos. Olhar é apenas ver o que está ali, o que qualquer um, até um animal, consegue ver: o sol é uma cena redonda que aquece e dá luz, o vento é um ar que passa por nós, um pássaro é uma criatura que voa; mas sentir com os olhos é outra coisa: o sol é o céu sorrindo, o vento é a maneira mais simples de provar o invisível, um pássaro é um poema com asas. Os jovens são esses sujeitos loucos que sentem com os olhos. Melhor ainda: os jovens são esses sujeitos estupidamente malucos que sentem. E é essa a maior das demências, não é? Sentir. Esta merda deste mundo parece que abomina quem sente, quem arrisca sentir e mostrar que sente. Que bosta de sentido faz isso, consegue saber? Devíamos todos ser jovens e dizer que sentimos e que precisamos e que falhamos e que somos insuficientes mas ao mesmo tempo completos. Somos todos insuficientes mas ao mesmo tempo completos. Não nos falta nada por mais que nos falte tanta coisa. Os jovens vivem a presença; os velhos vivem a ausência."

José acaba o cigarro, fecha a janela, se estende na cama, olhos no teto. O seu companheiro de quarto, pelo contrário, se levanta e se dirige para a porta.

"Os velhos que se fodam", repete José, segundos antes de um grupo de colegas do lar entrar pelo quarto, com um bolo com setenta e cinco velas em cima, e começar a lhe cantar os parabéns.

Eu queria te dizer. Queria.
Eu queria te olhar. Te olhar com força — como se olha com força? E te dizer.
Te dizer que sim. Sempre sim. Desde o primeiro não que sim.
Te dizer que quero. Te olhar com força. Te dizer. Queria.
Te dizer. Negar o não. Negar o não que desde sempre — onde começou o sempre? — foi sim.
Te dizer menti. Te dizer fugi. Te dizer parti.
Queria. Te dizer aqui. Te dizer agora. Te dizer já.
Queria. Sempre queria.
Queria, amor. Amor.
O imperfeito. Queria. O imperfeito.
Amor.

Gosto tanto do nosso palácio, mamãe.
Aqui somos as senhoras de tudo. E há tanto espaço para sermos felizes. Há o quarto gigante onde você dorme e eu durmo, a cama onde passamos o tempo a inventar histórias
— Era uma vez uma princesa muito muito bela, que morava num lugar muito muito distante e que só queria brincar com os seus muitos muitos amigos
E depois vamos juntas para dentro dessas histórias, percorremos todos os caminhos, ultrapassamos todos os obstáculos (há pessoas tão más, não há, mamãe? Mas você me protege, não protege, mamãe?), descobrimos que ser feliz é isto e não é mais que isto: eu e você partilhando uma história em que somos lá fora o que somos por dentro, na qual nos unimos em aventuras como nos unimos aqui, neste palácio (as minhas amigas dizem que é uma casa pobre, com um só quarto e toda velha; coitadas, mamãe, tenho pena das minhas amigas que não conseguem ver que moramos no mais luxuoso dos palácios, onde podemos sonhar sempre que quisermos; viver num palácio é poder sonhar sempre que quisermos, não é, mamãe?), e poucas meninas sabem que eu e você somos rainhas sem deixarmos de ser princesas
— Um dia, essa princesa descobriu que havia um mundo lá fora, um mundo assustador, cheio de criaturas que só queriam comprar coisas e derrotar os outros, e a menina ficou com muito muito medo, e abraçou muito muito a sua amada mãe
E quando nos sentamos à mesa gigante que ocupa a cozinha toda temos sempre o maior banquete do mundo (na escola os professores me perguntam sempre se eu quero comer, me levam para a cantina e insistem para que eu coma; e não entendem que tenho a melhor alimentação do mundo, a que sai da boca da minha mamãe para a minha), você divide a comida (você cozinha tão bem, mamãe; é tão linda, mamãe) e muitas vezes me dá a honra de provar da sua comida, para de comer porque adora me ver comer e me diz que o resto do seu prato é para mim, e é tão bom sermos assim, tão rainhas como princesas neste nosso palácio no meio da alegria

— Quando a jovem princesinha saiu à rua pela primeira vez estava muito muito receosa, não sabia o que fazer, estava perdida naquele mundo tão tão estranho, e só queria voltar para casa outra vez

Ontem veio aqui uma senhora muito antipática falar contigo e comigo, e me fez perguntas estranhas (se eu comia bem, se eu me sentia confortável, se você me dava tudo o que era preciso) e eu lhe disse a verdade porque ainda não aprendi (culpa sua, mamãe, que nunca me ensinou) a mentir; disse a ela que sou feliz como as fadas das histórias e que se a minha mãe fosse um herói (e você é, é mesmo) seria a supermulher, a supermulher que não sabe voar mas que mesmo assim consegue estar aqui comigo todos os dias e trabalhar todos os dias naquela máquina que faz barulhos estranhos e que ambas sabemos que é uma máquina do tempo, uma máquina do tempo que não queremos que nos faça ir para o futuro nem para o passado, só queremos que exista uma máquina do tempo que o faça parar, eu e você aqui para sempre, no nosso palácio gigante, e todos os nossos abraços (é tão grande o seu abraço, mamãe; vou para dentro dele e toda a felicidade cabe ali) para sempre

— E a princesa queria voltar para casa, com medo, e a rainha sua mãe lhe disse que não, que tinha de continuar, que tinha de ir em frente, que tinha de derrotar os medos e ser feliz naquele mundo assustador

A senhora que veio aqui ontem está aqui hoje outra vez, vem com uns homens estranhos (são feios, não são, mamãe? E tão grandes que parecem monstros) e diz que me vai levar, e você está chorando e eu sei que esta é uma daquelas brincadeiras que nós às vezes fazemos, você faz de conta que está sofrendo e que é a menina e eu faço de conta que sou a mãe e te chamo de você, passo a mão pelo seu cabelo, te dou um abraço como se fosse de despedida, e depois saio um pouco e depois volto (agora vou mas já volto, sim?). Esses seus amigos fazem muito bem de conta, mamãe, e me enfiaram num carro e me perguntaram se estou bem, se não me falta nada, e eu não digo nada porque só digo que estou bem quando estou com você; daqui a pouco, quando eles me levarem de volta para você e para as suas lágrimas (você finge tão bem, mamãe; é tão linda, mamãe), eu vou dizer que estou bem, que estou feliz, e que nada me falta porque tenho tudo o que quero

— E a princesa foi e aprendeu a ser feliz, mas nunca se esqueceu da sua mãe, a rainha. Ia visitá-la todos os dias no palácio e um dia, quando conseguiu, depois de ser uma princesa com muitos muitos estudos e com um palácio muito muito grande, voltou para levar a sua mamãe consigo, e ali viveram, juntas para sempre e felizes para sempre

Você é tão linda, mamãe, me ensinou a vida e nunca quis me ensinar o mais importante, nunca me ensinou o que, tenho certeza, queria que eu aprendesse por mim mesma: uma princesa só precisa de outra princesa, mamãe. E um dia eu volto, você sabe. Um dia eu volto para fazermos de conta que nunca houve um mundo inteiro entre nós. Te amo, mamãe.

"Te amo porque tenho o coração avariado."

O menino ouviu aquilo em algum lugar e não ligou nada, não sabe se foi a tia ou a mãe, não sabe se foi a professora, sabe que ouviu aquilo, achou bonito e não esqueceu, mas no fundo ouviu aquilo e não ligou nada, havia jogo naquele dia e tinha era de estar pronto na hora certa, o pai haveria de chegar à escola e dizer "anda" com aquele tom carregado, como se estivesse decretando uma sentença em tribunal, e talvez até estivesse, ir ao jogo era uma sentença, o estádio cheio, as pessoas à espera de que a vida acontecesse, e se há algo que não se deve fazer esperar é a vida.

"Hoje quero que você conheça Deus."

O ar grave na voz, o meu pai é assim, tudo o que diz é grave, tudo o que diz é importante, é o meu pai e é ele que sabe, é isso o que os pais são, aqueles que sabem, e o meu pai e a sua voz a me dizer que o número dez ia me mostrar a existência de Deus, sabia lá eu o que era Deus, uma palavra bonita talvez, uma palavra forte e uma coisa qualquer que eu lera num livro grande na catequese, mas se Deus estava no gramado então aí já seria outra música, se Deus iria pisar a Luz já tudo o que havia lido antes começava a fazer sentido, venha ele que eu quero aprender, e fiquei quieto vendo Deus acontecer.

"Repare como tudo nele é inexplicável."

O pai do menino era um poeta, ou um filósofo, estava ali a explicação para tudo, é claro que depois o homem pegou a bola, se desviou de um ou dois humanos, a essa altura já eu os distinguia assim em campo, eram ele e os humanos, de maneira que ele se desviou de dois humanos e finalizou, a bola no ar como se estivesse sendo levada por aquilo que faz os pássaros voarem, que raios faz os pássaros voarem senão Deus?, enquanto a bola voava todo mundo ali já sabia para onde ela ia, havia uma espécie de pequeno céu com mais de sete metros de largura, as pessoas à nossa volta já se levantavam para celebrar o instante de Deus e ainda o instante de Deus não tinha acontecido, a senhora da mercearia que perdeu os filhos sorriu, me pareceu a sobrevivência vê-la assim só porque uma bola voava para um pequeno céu com uma rede e sete metros de largura, o senhor Dário, que mora na casa em frente e é tão mau que ninguém o suporta, até parece boa gente assim de pé, os braços levantados e um sorriso por debaixo da maldade, o meu pai com uma espécie de lágrima saindo dos olhos, foi o máximo que vi nele, há pais que o máximo que deixam os filhos verem é uma espécie de lágrima, pais duros e graves choram espécies de lágrimas, e a bola no ar a caminho da felicidade e eu a perceber num instante o que era Deus e a fé e todas as possibilidades que a vida tinha, há que conhecer Deus para saber ser homem.

"Repare como ele despreza o que parece impossível."

Não posso dizer que sou cristão ou católico mas posso dizer que acredito na fé, a mão áspera do meu pai na minha cara, te amo, filho, até um pequeno abraço, uma espécie de abraço, há pais que o máximo que dão é uma espécie de abraço, no meio de todo mundo abraçado não se sabe bem por quê ou para quê, porque uma bola puxada pelo que puxa os pássaros descobriu o espaço entre duas traves, que simples é a vida afinal, a mão áspera do meu pai na minha cara, ainda a sinto e ainda acredito que Deus existe, te amo, filho, e eu te amo, pai, te amo como não te disse aí, como não te disse para sempre, como nunca, criança ou adulto, tive coragem de te dizer, e tudo porque não tive, como você teve, aquele número dez e aquele estádio, não tive a bola no ar e as pessoas felizes enquanto a bola voava, depois daquele número dez houve outros mas nenhum assim, nenhum que me obrigasse a colocar a mão nas suas rugas maiores e no seu quase fim e te dizer que te agradeço o dia em que me mostrou Deus e todos os dias antes e depois desse, te amo e não te disse porque eu também desprezei o impossível, e se há coisa que os pais não fazem é morrer.

"Então quer dizer que este senhor foi ensinar ao avô como se finaliza?"

Foi o que o seu neto, como você foi embora antes de ele chegar?, me perguntou quando viu Deus estendido e quieto se fazendo de morto. Eu disse que sim, claro, não sou eu que vou contrariar a sabedoria de uma criança, pode estar certo. E eu te amo, isso também é certo, uma espécie de lágrima a cair-me dos olhos.

Dentro de trinta dias me mato. Um tiro na boca, provavelmente. Para morrer é importante não falhar. Para viver também. Ontem foi um dia bom. Sentei-me junto à janela e vi o mundo passar.

Fala-se para que o ruído impeça as lágrimas. As palavras são manobras de diversão. Deus é a existência de silêncio, o espaço exato por onde a dor entra e sai com a mesma destreza. É imperioso calar como é imperioso existir. Esquecer não é uma possibilidade; é uma necessidade. Quando eu era pequeno os adultos eram apenas ambições inacabadas. Ainda são.

Demora mais um beijo que uma bala. A velocidade de deslocação do abraço é tão lenta. Talvez tudo seja pensado para acabar. A eternidade dava mais trabalho, me parece evidente.

Nasci cedo demais. Não deixei que a minha mãe se conhecesse bem. Os filhos acontecem sempre no meio do que é pouco. Há sempre um filho a salvar uma mãe, e a matá-la. Morre uma pessoa sempre que um filho nasce, é essa a verdade implacável do mundo. Aparece outra criatura, outra forma de caminhar. Nenhuma mãe caminha sozinha. Quem inventou essa merda não sabia o que fazia mas fez o que pôde. Se Deus existir vou adorar lhe ensinar a impotência. Mostrar-lhe que a impossibilidade nos faz voar. E que é a ocorrência de mágoas a representação da perfeição. Estou farto de viver, e viver é tão bom. Dentro de trinta dias me mato só para saber como é.

Não posso me queixar do meu tipo de dor. Não tenho nada contra a vida mas quero experimentar algo diferente. Por aqui há de haver sempre orgasmos e cansaço, ainda bem. Um amor que nos ajude a continuar, com um bocado de sorte e uma vastidão de azar. Amei o que estava destinado a mim. Há quem goste de mim e isso me basta. Mas não chega. Há de haver mais que isso por aí. Já fiz de tudo, já estudei de tudo, e não encontrei outra forma de sair da vida senão me matar. A morte é triste demais quando se está vivo. Imagino que depois dela tudo mudará.

Dentro de trinta dias me mato. Um tiro na boca. Não deixarei carta nenhuma, lição nenhuma, castigo nenhum. Deixarei apenas de estar. Lá fora o cinzento do céu cola com cuspe a ocupação das pessoas. A vida acontece e é tão pouca. Gostaria de envelhecer só para deixar de ser ignorante. Mas envelhecer mata.

A essência humana é, no fundo, bastante simples de entender. Quer-se o que não se tem. E, quando se tem, continua-se a querer o que não se tem.

(manifesto: pelo amor real)

Que nunca uma meia esquecida seja uma ternura interrompida. Que nunca haja quem ame só quem não falha. Que haja sempre apalpões para dar e para receber. Que nunca um beijo deixe de ser roubado sempre que necessário. Que o sofá sirva para amar e não só para estar. Que até as paredes sirvam para unir. Que um quarto seja carinho mas também suor. Que ninguém se esqueça de dizer o que sente e de sentir o que diz. E que se faça de dois muito mais do que a soma de um mais um.

Porque o amor é acertar mas também é errar. Porque o amor é paixão mas também é paciência. Porque um abraço serve para amar mas também para salvar. Porque quem é amado tem duas vidas nas mãos. Porque a vida aperta e só o amor liberta. Porque um casal é um casal só quando se livra do mal. Porque estar cômodo não é estar parado. Porque estar seguro não é não ir a lugar nenhum. Porque não existe amor sem tesão nem tesão sem amor. Porque só o que é revolução nos tira da mão. E porque se não nos tira da mão não é amor: não.

Decreto o final do não aquece nem arrefece, a abolição do tédio. Decreto um número mínimo de beijos por dia, um número mínimo de abraços por dia. Decreto a pena de uma noite de sexo para quem desrespeitar os mínimos. Decreto que se festeje a dois, sim — mas mais ainda que se sofra a dois. Decreto que só as lágrimas unem até o osso. Decreto que quem ama não perdoa, apenas continua a amar e amar também é perdoar. Decreto que a geografia nunca definiu distâncias e proximidades, que ciência alguma sabe quem se deve amar. Decreto que nem sempre tudo corre à perfeição e é também isso que nos faz perfeitos. E decreto acima de tudo que decreto te amar acima de tudo.

Quero que você saiba que sou insuficiente. Quero que saiba que sou carente. Quero que saiba que sou falível, talvez até incorrigível. Quero que saiba que peco por te querer demais ou por te desejar demais ou por te proteger demais ou por te procurar demais ou por te sentir demais. Quero que saiba que se não há excesso nenhum não há amor nenhum. Quero que saiba que às vezes falo o que não devia falar, ou calo o que não devia falar, mas tudo o que digo ou deixo de dizer é apenas para nada nos interromper. Quero que saiba que eu podia ser melhor, infinitamente melhor, mas nunca fui melhor do que aquilo que você já me fez ser. Quero que saiba que me irrito quando talvez não devesse, que me precipito quando talvez não devesse, que insisto quando talvez não devesse, que teimo quando talvez não devesse. Quero que saiba que lamento todas as lágrimas que te fiz chorar, todas as lágrimas que chorei por você — mas lamento ainda mais todas as decisões que tomei por medo das lágrimas. Quero que saiba que amar também é chorar, que amar também é superar. Quero que saiba que envelhecer contigo é a parte boa da velhice. Quero que saiba que há uma ponta de loucura em nós, e ainda bem. Quero que saiba que há uma ponta de doçura em nós, e ainda bem. Quero que saiba que sou piegas como sou desvairado, e que se não for de você não sou de lugar nenhum. Quero que saiba que se só houver uma vida você foi a mulher da minha vida. E que se houver mais vai ser também.

Tinham o amor maior do mundo e ainda assim ela estava cansada de amá-lo.

"Talvez amar tenha um prazo de validade", explicava a ele, as mãos a limpar suas lágrimas, "talvez mesmo o que é imortal tenha de acabar", e ele não aguentou mais, nem ela aguentou mais, nem ninguém aguentaria mais. "Te amo ainda mais dentro do que à vida", ele lhe disse, e um silêncio fúnebre ao bater seco e forte da porta.

Separaram-se quando ainda se amavam, e se há algo que não se deve fazer de livre vontade é isso.

"Talvez amar precise de paciência, capacidade de compreensão, entender que por vezes basta uma cabeça pousada no ombro para que tudo se acalme em nós", diria ela, se pudesse, nos olhos dele; mas se há uma coisa que o tempo faz é afastar as pessoas, e tantos estranhos já se fizeram de gente que tanto se amou. "Quando me cansei de você pensei que estava acabada de você, mas na verdade o cansaço de te amar é como todos os cansaços: uma noite perfeita e já passou", teria acrescentado ela, teria ainda dado o abraço que tanto lhe doía por dentro dos ossos, chegaria enfim o beijo, o corpo, provavelmente uma e outra lágrima, e finalmente a noite perfeita, cansar, adormecer e acordar debaixo dele para sempre. Mas nessa noite amar não chegou. Ele estava distante, à procura de não encontrá-la (nada nos faz enfrentar mais o que faz tremer do que querer acima de tudo procurar não encontrar alguém; quantas pessoas tinha ele de encontrar para deixar de procurá-la?), e mesmo assim eram tão menos os quilômetros que os separavam do que os quilômetros que ela estava disposta a percorrer para se cansar inteira outra vez.

Encontraram-se sem querer por mais que ambos o quisessem mais que tudo, e na verdade é essa a única maneira de se encontrar alguém.

"Você é a mulher perfeita e seria de bom-tom me casar com você", disse ele à mulher que conhecera há dois ou três meses, e de repente percebeu que não era aquela a declaração de amor ideal; e de repente percebeu que aquela nem sequer era uma declaração de amor, pois se há algo que o amor não tem é bom-tom. "Desculpe mas preciso ir à procura de algo imperfeito", teria dito, ainda hoje não se lembra bem se foram essas as exatas palavras, só se recorda da maneira como, ao sair dali correndo, tropeçou três vezes pelo menos, e quando chegou perto dela tinha algum sangue na camisa e as palmas das mãos ligeiramente feridas. "Achei que não viria", ela então lhe disse, a mão direita agarrando sua mão, a esquerda tocando seu rosto. "Talvez amar exija sangue", acrescentou, e sorriram o completo mesmo sorriso como desde que se haviam separado não conseguiam sorrir. "Quando você se cansar de mim descansa, há sempre um ombro para pousar e um silêncio para repartir", e ela ouviu. E descansou.

poeta é aquele que
não imagina o que é um poeta:
deixem o poema em paz e pratiquem
uma a uma
(deus me livre)
a poesia segura

desde que a anarquia subsista
subsistirá ainda o artista

e todos os profetas são inexatos
a lei faz juízes e o homem juízos:
há três orgasmos para cada morte
contas por alto
salve lágrimas ridículas

paz às almas de quem não assume que dói
e que morre em silêncio como todas as mortes:
há três malucos para cada poeta
contas por alto

escreveu o poeta
de calculadora na mão.

Amar uma pessoa feliz é fácil, você só tem de amar a vida e pronto, tudo bate certo. O problema é amar a infelicidade, perceber que dói em algum lugar e não cabe a você qualquer papel no meio dessa dor, aceitar que há decisões que você não pode tomar e momentos que não pode impedir, e perceber que o máximo que pode fazer é um abraço. Há tantos momentos na vida em que o máximo que você pode fazer é um abraço. O amor é muitas vezes entender a dimensão de um abraço, apertar quem você ama e não fazer nada, não dizer nada, esperar que a dor passe, ou que a dor continue mas por dentro de um abraço, e amar. Há tantos momentos na vida em que o máximo que você pode fazer é esconder a dor por dentro de um abraço, e amar.

Não suporto a sua dor mas não te ter seria insuportável, você me disse, o seu colo aberto à espera das minhas lágrimas, o sofá estendido e a casa a nos ver sofrer. Ando perdida em mim, te expliquei, e até nessas palavras me perdi, te disse que amar também é largar, te disse ainda que os seus ombros mereciam outra pele para suportar e que talvez fugir de mim fosse a vida que te restava. Os seus braços abertos e a surpresa de vê-los vazios, eu caminhando para longe para evitar os seus olhos, aposto que você chorou e me olhou como se esperasse que eu voltasse para doer com você, para nos doermos juntos essa dor que eu não sei de onde vem mas que não para, provavelmente vai passar, provavelmente um dia eu acordo e isso não existe, e nesse dia eu gostaria de te ter ao meu lado e poder dar aos seus braços mais que lágrimas, mais que dor, eu queria lhes dar paixão, ardor, tesão, até um orgasmo, quem sabe? Mas agora sou isto e nada é pior do que saber que você vem comigo para este espaço onde nada se vê, e por isso virei as costas e não voltei atrás, imaginei que você tivesse ficado no sofá sentindo o espaço em branco do meu lugar, imaginei que você fosse estranhar a falta das lágrimas, a simples não existência de peso sobre o seu colo. Não sei mais o que imaginei, sei que saí daí, de onde tenho a certeza que você está, gritando para mim que tinha o melhor homem do mundo e que tinha decidido deixar de o ter, porque o melhor homem do mundo merece a melhor vida do mundo, ou mesmo a melhor mulher do mundo, e tudo o que eu sou é uma insuficiência, um engano, uma falha no meu próprio caminho.

E depois ela viveu. Depois ela percebeu que ele, só ele, bastava para que a dor acabasse. Se arrependeu de ter virado as costas, se arrependeu de tê-lo deixado sozinho quando ele nunca a tinha deixado sozinha, se arrependeu de tê-lo abandonado só porque o amava. Quis então voltar, pedir perdão, fazer o que todos os filmes contam que acontece: me perdoe e volte para mim, diria ela, eu te perdoo porque nunca deixei de te amar, diria ele, quero ser sua para sempre, acrescentaria ela, e finalmente o abraço, de novo o abraço que tudo parecia curar. Mas o tempo já tinha passado, talvez meses, talvez anos, e ele agora estava diferente, ela agora estava diferente, e por isso quando bateu à porta dele, nada de telefones ou e-mails porque odiava modernices e o amor ou é também pele ou é também nada, não houve nem uma pontinha daquilo que os filmes contam. Nem ela pediu perdão nem ele perdoou, nem ela disse que queria ser dele para sempre ou algo sequer parecido. O que aconteceu foi apenas isto, vou contar simplesmente porque foi mesmo simples o que aconteceu: ele abriu a porta, olhou para ela, e em segundos, há quem diga que em menos que isso (um segundo é tanto tempo quando a vida nos aparece à frente), já estava chorando; em seguida abriu os braços e o colo, disse "achei que você nunca mais voltaria". Ela entrou então no colo dele como se nunca de lá tivesse saído e ouviu, antes de quase imediatamente adormecer, ele responder à pergunta que ela não chegou a fazer: "te perdoo, sim".

E nunca mais a dor, entre nós, doeu sozinha.

No trem de partida.
A mulher que veste vermelho e branco e tecla com velocidade no celular.
O fio de ouro que lhe cobre o peito a balançar.
O homem que está ao lado e que olha para a janela sem ver nada. O olhar que se perde nos corpos que avançam em paralelo. A gravata que lhe faz a fotografia balança. Castanha.
O china de olhos em bico que tem o queixo apoiado na mão e parece estar ruminando algo de realmente importante. O olhar sofrido que não para de balançar. Cansado.
E a menina.
A menina que entrou agora e se sentou ao lado do china. A mochila que salta nas costas a fazê-la sofrer. Os cabelos finos e loiros que avançam e recuam embalados pelo vento que sopra da janela
Aberta
pelo homem. O da gravata castanha. Que olha de soslaio para a mulher de vermelho e branco e que por acaso tem a pele negra. Ainda tecla, perdida no imaginário que o visor lhe oferece. Nota-se que não está bem. Sente-se que sofre. Talvez seja isso que a menina procura quando também se entretém olhando para ela. A menina que tem cinco anos e que continua a olhar para a mulher. É espanto o que escrevem as suas feições. O china entretanto adormeceu, pouco ligando para o que o rodeia. Sonha agora. Imagina que é casado, tem um filho e uma mulher que às vezes dorme com ele. Também imagina que não tem emprego. Depois de acordar vai saber que aquilo não era sonho. Era a realidade a impedi-lo de dormir
Sossegado
o homem que olha para a preta e volta para trás. Volta a Angola. À mulher que abandonou por lá e que teve um filho seu embora ele não o saiba. A preta que afinal não é bem preta, é mais mulata, que olha para o homem e vê o azul do seu olhar por detrás dos óculos. Coça o nariz e desvia o olhar tentando disfarçar que não gosta. Não gosta de ser observada por estranhos, foi o que decidiu depois de ter sido violada

Bruscamente

a menina sacode a tensão e começa a cantar sem saber que sacudira a tensão. Enfia o dedo no nariz e busca algo. Pelo menos parece andar em busca de algo. Faz isso como se estivesse sozinha. Agora não está sozinha apesar de se sentir. Apesar de sempre ter se sentido. Não anseia pelo fim da linha, sinônimo do regresso à casa que nunca foi lar. À casa onde vai ficar sozinha e se sentir sozinha. Mais vale me sentir sozinha sem estar sozinha, pensa ao mesmo tempo que não consegue evitar reparar que o china está cada vez mais com os olhos em bico. Não para de se mexer,

Excitado

o homem que agarra o corpo da mulher com o olhar e que depois passa do olhar ao sentir. É a sua mão, a esquerda, que sobe lentamente pela perna descoberta da preta. Tinha sido isso que sobressaltara o china. Agora os olhos já não balançam. Os olhos que veem a mulher se deixar tocar e camuflar o ato colocando a carteira, que tinha ao ombro, sobre as pernas. Sorri, enquanto junta a mão esquerda à do homem e a guia para onde mais deseja. A direita, essa, continua a teclar no celular

Que toca

e para de tocar logo em seguida. Era o smartphone da menina, presente de aniversário dos pais que o enviaram da Alemanha entre uma viagem de negócios e outra. Ela não ligou para o toque. Continuou entretida observando. Sim, ela também reparara na mão que embalava o sexo bem à sua frente. A mão que o china seguia e que é acompanhada agora por palavras segredadas ao ouvido

Discretamente

me siga, Carlos, é assim que o senhor se chama, não é? Isso era o que a mulher segredava ao homem que se chamava Carlos, segundos antes de o trem chegar ao seu último destino. A negra foi a primeira a se levantar, sedenta por ser invadida pelo sexo de um homem experiente. Um homem que não conhece mas que tem algo que a faz confiar e esquecer os medos. O senhor Almeida. Carlos, ele mesmo. Que se levanta e a segue. A menina e o china são os últimos. Saem lado a lado, se entreolham e depois vai cada um para a sua infelicidade

Constante

o movimento que o senhor Almeida faz em cima da mulher. Estão na cama da casa dela. Um quarto, um banheiro só com chuveiro, e um fogão. Ela grita. Dói mas o prazer se sobrepõe. Passa para cima dele e se contorce. Ouvem-se gritos. São os do homem, animal saciado

Totalmente

louco, cara! Comi uma pretinha que conheci no trem, foram as primeiras palavras dele quando chegou naquela noite ao café do bairro. Lembrou depois que não sabia sequer o nome da negra que era mulata e que lhe alimentara o ego, pormenor insignificante.

Almeida. Carla Almeida.

Que nunca o cabelo se canse das mãos, pois é o louco pelo orgasmo o único dos sãos.

Que nenhum ai seja o da dor, que todos os uis sejam de calor — e que eu seja o pecador e nunca o senhor.

Que haja o prazer a cada momento, que haja motivos para me perder no tempo — e que eu prefira o fim sempre que me pedem o assim-assim.

Que só o amor seja excessivo, pois se não for excessivo nem sequer é amor.

Que só a paixão seja pateta, pois se não é pateta nem sequer é paixão.

Que só o suor me escorra no peito, que só a língua me magoe com jeito — e que eu saiba que a vida é apenas aquilo que aproveito.

E que se ame agora como se não houvesse depois, e que se ame o durante como se não houvesse após — e que mesmo sozinho eu me deite em nós.

E que haja masturbação, penetração, pulsão, tesão, comunhão, dedicação, fornicação e todos os prazeres que nem no dicionário estão — porque só vale a pena o que nem tem denominação.

E que todos os dias haja um novo "preciso", e que a todas as horas haja um destemido "quero" — e que eu prefira o insano ao infeliz do austero.

E que nunca seja tarde demais para um "vem", cedo demais para um "mereço" — e que eu mande pastar o controlado e prefira o possesso.

Que nunca o quase seja uma ambição, que nunca não tentar seja admitido — e que o orgulho maior seja pelo que está caído.

Que nunca o cabelo se canse das mãos, pois é o louco pelo orgasmo o único dos sãos.

(o que separa o Homem?)

A insuficiência preserva, a perfeição mata.

A incapacidade de um pobre coitado é o seu ganha-pão como a capacidade de um rico poderoso é o seu ganha-pão: não é pela quantidade de pão que se separam os Homens, fica claro. O que separa o Homem é o que faz com o pão. O pobre coitado o leva à boca, o rico poderoso o leva ao bolso. Ambos, no entanto, matam as suas respectivas fomes. O que separa os Homens é, então, o tamanho (mais ainda: a forma) das suas fomes. Nenhum esfomeado tem discernimento, é certo; mas não é menos certo que não é necessariamente o pobre coitado o mais esfomeado. Reformulando: aquele que mais precisa comer nem sempre é aquele que mais fome tem.

A ausência preserva, a abundância mata.

As relações mais duradouras são também movidas a saudade: a falta de sustenta, quase sempre, a presença de. Nós nos unimos em torno do que não podemos ser mais do que nos unimos em torno do que podemos ser: qualquer Homem tem mais gente no funeral do que na festa de aniversário. Só o que existe demais se torna dispensável: não se dispensa quem não ocupa. O que separa os Homens é, também, por isso, uma dose demasiado elevada de presença: de alimento. Deixar de estar é, então, aqui e ali, a mais eficaz das formas de estar: de continuar a estar. Reformulando: aquele que não está nem sempre é aquele que está ausente.

O conflito preserva, a harmonia mata.

Uma narrativa sem conflito é uma narrativa sem seguidores. Do mesmo modo, uma narrativa só com conflito é uma narrativa sem seguidores. Seguimos o que parecendo insolúvel tem solução. Queremos a dificuldade máxima que conseguirmos ultrapassar — não mais, não menos. Tem de ser difícil o suficiente para não parecer ultrapassável e fácil o suficiente para ser ultrapassável. A paz que vale a pena subsiste somente com umas partículas de guerra. Reformulando: só com umas partículas de guerra é que a paz sobrevive.

Todas as outras preservam, você mata.

Mas (leia acima tudo o que eu expliquei) não me interessa nada que não possa matar.

Pense: você aproveita tudo o que tem?

Já não o via há mais de dois anos quando percebeu que nunca tinha deixado de vê-lo.

Encontrou-o por acaso, na fila da farmácia. Perguntou a ele o que a circunstância obrigava a perguntar, ouviu a resposta que a circunstância obrigava a responder. Ficaram ali, aqueles dois minutos, saboreando a vida toda que haviam passado juntos. Ela se lembrou do medo dele quando a constipação chegava (vou morrer, estou às portas da morte, não consigo respirar e vou morrer), ele se lembrou do sorriso dela quando tudo o que doía passava (eu te disse que não era nada, não disse?). Até que o número dele chegou. E ele foi.

Já não o via há mais de quatro anos quando percebeu que nunca tinha deixado de vê-lo.

Encontrou-o por acidente, quando resolveu, ao contrário do costume, ir para casa pela rua antiga. Nunca soube por que o fez naquele dia, mas o certo é que o fez. E que ele estava lá, sentado no banco do jardim de sempre ao lado do quiosque de sempre com o jornal de sempre na mão. Sempre que fechava os olhos e o imaginava era ali, naquele exato lugar, com aqueles exatos gestos. Só não imaginava as palavras que ele, nesse dia, resolveu dizer. Foram provavelmente umas dez ou onze frases — mas, mais tarde, quando procurou se recordar do que ouvira, percebeu que só fixara duas delas: sinto a sua falta como sentiria a falta deste espaço; e sei que não é possível mais do que a ausência entre nós, mas tinha de te dizer isso. Não sabe se foram ditas assim, nessa ordem, ou se na ordem inversa — ou, até, se houve mais algumas frases pelo meio. Mas sabe que essas palavras aconteceram. E que, dentro dela, aconteceu o que já não acreditava que pudesse continuar a acontecer — não depois de ter chegado à conclusão de que estava, desde que estavam separados, com o homem mais perfeito que poderia encontrar. Despediu-se às pressas como pôde (tenho uma reunião no escritório, sabe como é, não?), ele nem se despediu com palavras, limitou-se a vê-la ir enquanto, talvez nem tivesse reparado mas isso aconteceu mesmo, uma lágrima já quase lhe chegava à boca.

Já não o via há mais de dez anos quando percebeu que nunca tinha deixado de vê-lo.

Encontrou-o de propósito, na casa dele à hora que haviam marcado. Ele vestia o terno azul que usara no casamento para provar que ainda era o rapaz elegante que um dia a conquistara. Ela vestia o vestido comprido que ele sempre adorara despir. Despiram-se sem pressa e nem assim demoraram mais de dez, onze segundos, para estar nus. Perceberam então que o amor, por vezes, exige corpos à altura. Encontraram-se na hora do orgasmo como há mais de dez anos não se encontravam. No final, despediram-se com o até sempre de sempre. Disseram ainda que haviam percebido que não havia mais vida para que voltassem a se encontrar, que tudo o que havia para fazer e dizer entre ambos estava feito. Concluíram, quase em uníssono, que seria aquele o final perfeito para algo tão imperfeito quanto o que os juntara ali, naquela tarde de traição e de saudade. Prometeram, segundos antes de ir cada um para o seu lado, que jamais voltariam a se juntar. Assim seria. Jamais voltariam a se juntar. Até porque só se junta quem esteve, em algum momento, separado.

Já não o via há mais de dez segundos quando percebeu que nunca tinha deixado de vê-lo.

O segredo para ter mais não é ter mais; é precisar de menos.

(o manual de sobrevivência)

Aprenda.
Que as coisas são ironicamente e apenas o que são: habitue-se.
Que as suas opiniões valem ironicamente e apenas o que valem: habitue-se.
Que a tolerância não é uma maneira de viver; é a única maneira de viver: habitue-se.
Que é fundamental que nem tudo corra bem como é fundamental que nem tudo o que corre mal te faça mal: habitue-se.
Que você não tem o direito de magoar só porque te magoaram: habitue-se.
Que a injustiça acontece quer você queira, quer não queira: habitue-se.
Que por vezes você não tem de mudar nada em si para tudo mudar em si: habitue-se.
Que você não tem sempre razão e que a razão não vale bulhufas quando comparada com tudo o que você ganha quando não a tem: habitue-se.
Que pode haver algo maior que o amor nesta vida mas se houver ainda não foi descoberto: habitue-se.
Que a saudade não serve para magoar; serve para continuar a amar: habitue-se.
Que o medo não serve para parar; serve para trazer a coragem de continuar a andar: habitue-se.
Que se você não rir pelo menos mil vezes por dia não anda aqui a fazer rigorosamente nada: habitue-se.
Que se você não der pelo menos mil beijos e abraços e apalpões e coisas estupidamente assim por dia não anda aqui a fazer rigorosamente nada: habitue-se.
Que a perda existe, é uma merda e dói como se a vida acabasse e talvez até acabe mesmo, mas você tem de aguentar custe o que custar: habitue-se.
Que se você for sempre pessimista um dia vai estar certo e que se for sempre otimista um dia vai estar certo; a decisão é sua: habitue-se.

Que a filosofia é um monte de tretas mas que pode aqui e ali fazer falta para você conseguir explicar o que na verdade não tem explicação: habitue-se.

Que estas palavras servem para exatamente nada e tudo o que eu escrevi nelas você já sabia, mas talvez precisasse lê-las ou talvez não, mas de qualquer forma aqui estão elas: habitue-se.

Que há dias em que é importante ser absolutamente inconsequente e não pensar em mais que o minuto do que é agora e desprezar o minuto do que eventualmente será a seguir: habitue-se.

Que ser sincero não quer dizer necessariamente ferir o outro só porque você quer ser sincero e é bacana e tal ser sincero: habitue-se.

Que a liberdade não quer dizer poder ofender gratuitamente: habitue-se.

Que forte não quer dizer indestrutível; forte quer dizer resistente: habitue-se.

Que o trabalho não enobrece mas também não deixa de enobrecer: habitue-se.

Que a dignidade é algo que não depende do que os outros veem em você: habitue-se.

Que o prazer existe e ai de você se não o procurar como um louco: habitue-se.

Que isto pode ser balela mas também pode não ser; mais uma vez a decisão é sua: habitue-se.

Que você não dura para sempre, que a sua mulher ou o seu marido não duram para sempre, que o seu pai ou a sua mãe não duram para sempre, que a sua irmã ou o seu irmão não duram para sempre, que os seus amigos não duram para sempre, que nada nesta porra dura para sempre: habitue-se.

Que nem o que é mau dura para sempre: habitue-se.

Que você é diferente, que pensa diferente, que faz diferente, como todo mundo pensa diferente, faz diferente e é diferente, e ainda bem porque é isso que faz a diferença: habitue-se.

Que você já não devia estar lendo estas palavras e devia era estar fazendo o que estas palavras exigem que você faça: habitue-se.

Que eu vou também daqui para fora, que já perdi tempo demais escrevendo isto quando devia estar fazendo isto: já me habituei.

Habitue-se você também.

(diário de um humano)

Dia um.

Te amo só para ter a certeza de que o mais importante na vida é te amar.
Toda a casa pede o seu corpo, todos os sabores pedem a sua pele. Não existe mais do que aquilo que em mim você existe, mesmo que você insista em dizer que já não existe para mim. A grande vantagem de te amar assim é nem sequer precisar de você para que te amar exista. Te amo e pronto. Você queira ou não. Te amo e pronto. E você está na minha vida como o sol ou o vento: basta estar exposto a eles para senti-los, para tê-los em mim. Basta estar exposto a você para estar contigo. E basta te amar para estar exposto a você.
Te amo e pronto: eis a mensagem mais bela que a vida tem para nos oferecer.

Dia dois.

Todas as meteorologias são metodologias.
Você tem de aprender o melhor método de olhar para o que te rodeia. Nenhum dia de sol é feliz nem nenhum dia de chuva é triste. É você que te é belo ou triste. É você a sua meteorologia.
Ame-se ou morra: eis a única frase possível.

Dia três.

Uma mulher me pede um autógrafo. Está triste e sorri. São tantas as pessoas que estão tristes e sorriem. E a vida talvez seja, em alguns momentos, apenas isto, nada mais do que isto: conseguir um sorriso quando tudo nos dói por dentro.
Há que erguer a dor em sorriso.

Dia quatro.

Momentos de solidão. Um aperto tão grande no interior do vazio. Fui o que não consegui deixar de querer ser. E agora não me sinto em mim quando me encontro. O que fazer quando quem não conseguimos deixar de ser é o contrário do que sabemos ser? Os gatos pela casa, a certeza de que são eles a verdade. São o que são e nada mais do que aquilo que são. Não mentem, não se forjam, não burlam o que lhes dói. E a dor a me comer o sonho. Há tantas dores para cada sonho. Há que viver tantas dores para manter um sonho vivo. Mas todos os sonhos valem a pena. Todos os sonhos existem para que a vida, a real, pareça suportável. É o que não existe que me suporta, é a felicidade de acreditar no que aí vem que me deixa feliz no que agora me tem. Há que ser do tamanho do que não dói.

E viver.

Dia cinco.

Você chega e outra vez a vida.
Te amo para sobreviver ao que não é te amar.

(coisas que eu não sabia que sabia)

Soubesse eu que era o que eu queria, o que eu sempre quis, que me devia comandar — e não o que os outros me queriam, o que os outros sempre me quiseram. Que era dos meus desejos, e não dos desejos que os outros tinham para mim, que se devia ter feito o meu caminho. Soubesse eu que a diferença estava tantas vezes na minha mão e talvez pudesse ter vivido mais.

Só decide mal aquele que talvez pudesse ter vivido mais.

Soubesse eu que não valia a pena ter trabalhado tanto. Que a vida não existe, nunca existiu, para sermos escravos dela, para lhe darmos o que nunca ela nos pediu, o que nunca ela sequer aflorou de leve. Soubesse eu que trabalhar não era o que eu sou, trabalhar nunca é o que nós somos, como o dinheiro que temos nunca é o que temos, como as casas que temos nunca são o que temos. Soubesse eu que devia ter trabalhado menos e talvez pudesse ter vivido mais.

Só é velho aquele que talvez pudesse ter vivido mais.

Soubesse eu que não custava nada e valeria tanto ter tido a ousadia que não é ousadia nenhuma de dizer o que sinto. De mostrar sem medo que amei — e amei tanto; de dizer sem medo que gostei — e gostei tanto; de expressar sem medo que fui feliz — e fui tão feliz. Perdi o que já tinha ganhado quando não tive a coragem de dizer que já tinha ganhado tanto. Soubesse eu que há alturas em que dizer é mais importante que sentir e talvez pudesse ter vivido mais.

Só é defeito ser tímido quando a escassez de palavras impede de ter vivido mais.

Soubesse eu que nenhum motivo valia estar longe dos que amo. Dos meus amigos, dos meus pais, dos meus irmãos, de todos aqueles de quem gosto e que gostam de mim. Seria tão fácil uma mensagem, tão fácil um telefonema, tão fácil uma visita, um café, uma cerveja, uma tarde na praia ou dois minutos de anedotas. Soubesse eu que deixar de procurar é deixar de me encontrar e talvez pudesse ter vivido mais.

Só está sozinho aquele que não procura ninguém.

Soubesse eu que ser feliz também é uma escolha, que apesar de tudo o que não tem remédio há muito que podemos remediar. Percebi tarde demais, quando já pouco havia para escolher. E fica o arrependimento. O sacana do arrependimento. O que poderia ter sido me corta como uma navalha afiada. Tenho saudade do que poderia ter sido, do que afinal de contas tive tantas oportunidades para ser. Mas houve o orgulho, o medo, a ansiedade, a revolta, a raiva, o ódio, a inveja, a vaidade. Os defeitos são defeitos pelo que nos impedem de ser — e não por um estéril ideal filosófico ou teológico. O pecado é deixar de fazer, deixar de tentar. Soubesse eu que tinha tanto poder nas mãos e talvez pudesse ter vivido mais.

Só é impotente quem desistiu de cair.

(coisas que deveria ter dito e não disse)

Devia ter dito e não disse.

Ao homem da minha vida que é o homem da minha vida, todos os dias, sem parar, porque quando há algo tão bom como amar alguém para fazer todos os dias não o fazer não é timidez; é estupidez.

À minha mãe que é a velhota mais adorável que o mundo poderia conhecer e que quando me olho para a frente e me vejo como ela acredito que a velhice até pode mesmo ser a coisa mais linda de sempre.

Ao meu pai que pode parecer um durão mas que eu sei e sei que ele sabe que não é durão nenhum, é apenas um piegas de primeira ordem, que quando se deita sem a mulher que ama chora que nem um bebê, e ainda bem, que uma pessoa que não chora que nem um bebê sempre que não tem o amor ao lado não é pessoa nenhuma.

Aos meus amigos que são apenas dois e que só são apenas dois porque depois de tê-los na minha vida todo o resto parece pouco, e que a amizade é uma forma de amor em que não existe exclusividade mas quase, e quando se tem dois amigos assim não se precisa de mais amigos nenhuns porque o que tenho para gostar de alguém está gasto e mais que gasto, e felizmente.

Aos cabrões que me desvalorizam por ser mulher e usar saia e gostar de estar apresentável que não sou menos capaz, menos senhora, menos competente, menos líder, menos forte, menos má se tiver de ser, menos pessoa, por ser assim e adorar ser assim.

Ao que dói que vai passar, que tem de passar, que só pode passar, pelo simples fato de que tudo passa, até o que é mau, e que muitas vezes o que nos faz parar é o que faz andar, e amar, perdoe a redundância e a felicidade.

Aos que deixaram de viver que eram importantes, que precisava deles e que dói como se me agarrassem a carne por dentro me lembrar do que fomos e já não podemos ser, do que poderíamos viver e já não podemos viver, do que deixamos por fazer e que mesmo assim vivemos tudo o que havia para viver.

Ao espelho que era tempo de dizer basta quando basta tinha de ser, quando estava fazendo o que não devia fazer, que estava cedendo no que não devia ceder, que estava aguentando o que não conseguia suportar, que estava esticando o que só podia rebentar, procurando o que não podia encontrar, me magoando no que não podia senão magoar, procurando a salvação no que só podia trazer queda, voo no que só podia significar desastre.

A você que ainda vai ter tempo de dizer o que eu não disse.

Vai.

Diz.

(estou farto de ser mais ou menos o seu homem)

"Ou sou o homem da sua vida ou mais vale você desaparecer daqui para fora."

Não. Não posso escrever assim. Tenho de me segurar, de segurar as palavras dentro de mim. Não posso assumir que a quero assim, tanto assim, como se não pudesse aguentar sem ela. E não posso. Não posso aguentar sem ela — mas para que ela tem de saber disso?

"Ou você decide vir comigo ou nem sequer vale a pena decidir."

Isso. É isso mesmo. Mostrar a ela que não aguento ser mais-ou-menos-homem, mais-ou-menos-namorado, mais-ou-menos-o-que-quer-que-seja. Não aguento ser mais ou menos de ninguém, nem mais ou menos feliz, nem mais ou menos o raio que a parta. Ou bem você é minha em tudo ou bem não te quero para nada. Isso. É isso que tem de ficar registrado. Mas não só.

"O que eu desejo é apenas que você me deseje."

Não. Piegas demais. Verdadeiro, tão verdadeiro. Mas piegas demais. Frágil demais, entregue demais. Já estou outra vez me colocando todo nas mãos dela, mostrando a ela que pode decidir o que quiser, quando quiser; mostrando a ela que basta me querer que eu vou querê-la. E basta, e basta — mas para que ela tem de saber disso?

"Você tem dois minutos para escolher entre vir comigo e ficar sem mim."

Isso. É isso mesmo. Vou imprimir já isso. Assim é que é. Uma posição de força. Uma real posição de força. Ou eu sou um homenzinho adulto, capaz de assumir claramente aquilo que é e aquilo que quer, ou então não sou nada. Ela vai ter de querer tanto como eu. E vai ter de mostrar que me quer tanto como eu. E já. Sem hesitar. Vem comigo e eu vou com ela. É só isso. É tão simples, não é? Vem comigo e eu vou com ela. Basta isso para todo o resto fazer sentido. É claro que não sabemos como vamos lidar com todo o resto, é claro que existem empregos, famílias, filhos e pais, primos e tios; mas também é claro que basta eu ir com ela e ela ir comigo para tudo isso se encaixar. É o amor que encaixa todas as peças — ou então que fique tudo desencaixado, a ver se eu me preocupo.

"Eu sei que temos de falar mas primeiro me deixe amar."

Ele deixou. Deixou várias vezes, aliás. O papel, esse, continuou na impressora. Ainda está lá, a precisamente dois metros ao lado do lugar de onde chegam os gemidos.

Que nunca os olhos se esqueçam de chorar, pois é essa a única maneira de olhar.

Que você nunca olhe somente para o sonho, que nunca sonhe somente com o que vê.

Que nunca os seus olhos se deixem de fechar num abraço e de se abrir e fechar para o cansaço.

Que nunca a vida se canse de te olhar, que nunca o amor se canse de te beijar.

Que você veja no que vê aquilo em que repara, que repare sempre naquilo que te faz ver.

E que não negue o que não consegue ver, porque o vento te puxa e não se vê, porque a alma te faz e não se vê, porque o amor se sente e não se vê.

Que você nunca deixe para trás o que te faz ir para a frente, que nunca negue um olhar a quem te pede.

Que nunca os seus olhos se queixem de olhar, porque são também eles que te fazem andar.

Que nunca os olhos se esqueçam de chorar, pois é essa a única maneira de olhar.

(cinco coisas que não existem e que podem salvar a sua vida)

Não existem vidas grátis.
Você tem de ir à procura de merecer a vida que tem, a vida que quer. Atire-se. Esfrangalhe-se todo, se for preciso. Mas também não tema te preguiçar todo, vezes sem conta, se for preciso. O que é preciso é que você seja capaz de conquistar a vida. Arrebatá-la. Merecê-la. Seja credor — daqueles credores chatos, que cobram com persistência e sem misericórdia — do que é merecedor. E só do que é merecedor. Se não mereceu nunca aconteceu. Mereça-se. E siga.

Não existe displicência feliz.
A displicência mata. Muito mais que todo o resto. A displicência mata, consome, aperta por todos os lados. O displicente se deixa atropelar pela incapacidade de superar. Pior ainda: o displicente se deixa atropelar pela tolerância. Tolera o que lhe acontece porque, coitadinho, tem de ser assim, porque alegadamente só pode ser assim. Alegadamente que vá se catar. Quem tolera não ama. Você não pode tolerar o que te incomoda. Se te incomoda você tem duas possibilidades: ou entende o que te incomoda como parte do que você ama e então tem de amar também o que te incomoda; ou então se não o entende como parte do que você ama tem de assumidamente tentar alterar o que te incomoda. Amar não é tolerar; é revolucionar, se for necessário, o que alegadamente os politicamente corretos dizem que você tem de tolerar. Alegadamente que vá se catar. Tolerar é o não coisar nem sair de cima dos pobres de espírito. Não vá no engodo. Não se encolha. A tolerância é um anticlímax. A tolerância é o oposto da paixão. Não tolere, não seja displicente. Nunca nenhum displicente mudou bulhufas no mundo. Nunca ninguém displicente soube o que era a euforia. Nenhum orgasmo é displicente. É isto que, mais do que todo o resto, você não deve tolerar: a ausência de luta, até a última possibilidade, pelo orgasmo, pela euforia, pelo pico, pelo desassossego feliz e pela paz feliz. Quando se sentir capaz de ser tolerante perante a displicência fuja. Fuja rápido. E siga.

Não existem humilhadores; só existem humilhados.

Em cada humilhação há pelo menos dois seres humilhados. Quem humilha se humilha. E avança em queda. Humilhar é avançar em queda — é a contra-humanidade. O humilhador se coloca muito mais numa posição de escravo do que de escravizador. É escravo da sua efêmera necessidade de humilhar. E nada é mais humilhante do que um humano que procura valorização na desvalorização do outro. Humilhar te humilha. Quando se sentir humilhado sorria, levante a cabeça. Não perca um segundo humilhando de volta. Nenhuma humilhação se devolve — até porque, por ser humilhação, já está devolvida por defeito. E por excesso. Repito: quando se sentir humilhado sorria. E siga.

Não existem defeitos; existem singularidades.

As suas singularidades e as singularidades dos outros. Esqueça os que exigem que você mude o que julgam que é mau. Exija de você, apenas, a manutenção íntegra, e intocável, do que você pensa que é — e do que pensa que deve ser. O que você é é uma construção objetivamente — e profundamente — sua. Não permita interferências. Quem te vê não está vendo você; está se vendo através do que você lhe dá. Não divida o mundo em certo ou errado. Não divida, sequer, o mundo. Dividir o mundo te divide. E é isso — dividir para reinar — o que você deve evitar. Comande-se. Ordene-se. Não divida nem se divida. Nem sequer adicione nem se adicione. Se quer optar por uma operação matemática: multiplique-se. E siga.

Não existem voos se não existirem locais de aterragem.

Voar não consiste, apenas, em andar no ar; voar consiste, também (talvez sobretudo), na capacidade de entender quando e onde se pode levantar voo; e, mais ainda, quando e onde se pode pousar. Não queira estar sempre em voo. O pássaro feliz não é só aquele que tem onde voar; é também aquele que tem onde pousar. Pouse. Não pense que pousar é um tédio. Não. Pousar é o outro lado da adrenalina — a adrenalina pacífica, serena. Serena quando serenar é urgente. Pouse-se sobre si mesmo, olhe para você com atenção. Perceba se está tudo em ordem com aquilo que te faz voar. Sem medo de tocar na ferida — tocar na ferida, se for feito como deve ser, é a única forma de curá-la. Cure-se antes de voar. Estude sempre que possível, ainda, os locais de aterrissagem. Ou então não estude nada mas tenha em si pelo menos dez ou vinte paraquedas prontos. Se um falhar você tem outro e se outro falhar tem outro. É certo que o perigo pode trazer felicidade; mas a morte, é pelo menos essa a ideia que eu tenho (me contrarie quem já a tiver experimentado), não traz felicidade nenhuma. O voo consiste em todo o processo que te leva do chão ao ar — e é muito mais do que somente andar no ar. Pense nisso. Sinta isso. E siga.

Hoje estou com vontade da infância. Lamber contigo um sorvete no meio da rua, o sol bem alto e as pessoas invejosas nos chamando de crianças.

Nos chamar de crianças é nos chamar de felizes — que triste é quem não vê isso, sabe?, pobres desgraçados, quando acordarem vão perceber que já não podem acordar, que calamidade.

Vamos mudar de casa e sabemos que o que interessa ficará sempre no mesmo lugar. Há de haver lugares novos para brincar — é essa afinal a grande razão para mudar de casa, encontrar novos lugares para brincar, o que mais? —, havemos de encontrar espaços por desbravar no interior de nós, parques de diversão que ninguém sabe que existem, nem nós: se há algo infinito no mundo é o segredo que cada corpo esconde. Já vivemos em tantos lugares e nunca deixamos de estar aqui.

Gostar de alguém é estar aqui — ensinem isso nas escolas e façam da cultura uma forma emocional, e não só racional, de viver.

Ser culto é ser capaz de amar, decorar a importância do abraço, a densidade intelectual do beijo.

Ser culto é ser capaz de amar — que todos os intelectuais o entendam de uma vez por todas.

Hoje estou com vontade da infância. Dançar contigo na praia, eu de calção e você de biquíni, o mar pousado ao nosso lado e todas as preocupações esquecidas debaixo da pele. Cheira a férias grandes e a liberdade, a minha mão descobriu que existe a sua, as lágrimas estão longe daqui e ao mesmo tempo próximas.

Estar feliz é também estar perto da lágrima, acreditar na intemporalidade do que nos cabe como faca no tórax.

Ontem te pedi para voar comigo e em poucos minutos já rebolávamos pelo chão — e assim se percebe que não percebemos nada de voar, e que só por isso voamos, nem sempre é de objetividade que se faz o prazer, e objetivamente te quero porque preciso de você em mim, Deus me ajude, mas mais ainda você.

O verão existe para que o amor exista — mas é para isso que existem todas as estações, na verdade.

O problema da vida é a infância ser tão pouca. Felizmente existimos nós para equilibrar muito a balança.

Vem rebolar comigo na areia depois de um mergulho, vem?

(o dicionário dos loucos)

AMOR: o mesmo que vida. Por mais elaborações científicas que os grandes especialistas no corpo humano nos ofereçam, é o amor que nos permite estar vivos. Sugerimos, por isso, até, a criação de um zoológico de gente sem amor, para onde seriam enviados todos aqueles que são incapazes de se apaixonar — por um livro, por uma pessoa, por um projeto, por um trabalho, pelo sol, pela chuva, pela comichão, pela falta de comichão, pelos cheiros, pelos toques, por todos os sentidos mesmo (ou sobretudo) os que não fazem sentido nenhum. A criação desse zoológico permitiria, desde logo, alcançar dois resultados imediatos e altamente satisfatórios: por um lado libertaria o mundo, o mundo dos dias que correm e saltam e vivem, desse tipo de criaturas, capazes de, com a sua falta de amor, deixar vírus purulentos nos mais variados locais, o que representa um incalculável risco para a saúde pública; por outro lado faria com que, sempre que os digníssimos militantes do PPACCNTMNA (Partido das Pessoas que Amam Como Caneco e Não Têm Medo Nenhum de o Assumir) estivessem com dilemas existenciais (exemplo: será que vale a pena amar? não será melhor desistir de sonhar? será que estou me entregando demais, me expondo demais?), pudessem visitar, como tratamento prescrito com urgência, esses locais para perceber o triste estado dos seus moradores, as suas rotinas enfadonhas e cinzentas, a sua incapacidade de encontrar no que têm aquilo de que de fato necessitam, a sua completa inexistência de sonho. Deus nos livre.

INVEJA: um mito urbano. Usado, frequentemente, pelos membros do PPMVCO (Partido das Pessoas Maria-Vai-Com-as-Outras) para justificar algumas das coisas que são ditas e feitas por este mundo afora. Mas na verdade a inveja não existe — a inveja é uma construção ficcional, uma fábula moderna, justificada pela necessidade de encontrar sempre algo de mau em coisas boas. Existem, ainda assim, dois lados dessa palavra: o bom, a que erradamente se chama inveja mas que não é mais do que ambição e capacidade de trabalho (exemplo: alguém escreve muito melhor que eu, e eu, por causa disso, vou tentar escrever sempre mais e melhor para que alguém, um dia, também tenha esse tipo de vontade ao me ler); o mau, que faz com que muitas pessoas tentem destruir outras pessoas só porque fizeram ou têm ou são algo que eu não fui capaz de ser — a esse último caso não se pode, como é evidente, chamar inveja, uma vez que se trata claramente, e unicamente, de estupidez (ou, se preferirem, imbecilidade, ou desumanidade, ou palermice, ou debilidade, ou idiotice). Deus nos livre.

Se é para chegar ao fim: desfrute do caminho.

(nunca se repete o inesquecível)

Nunca se vive de novo o que só se vive uma vez.
E um amor só se vive uma vez. Aquela vez.
A vez em que junto ao carro, naquele meio-dia caótico de trânsito e de buzinas, você me pediu perdão — você que nem me conhecia me pedindo perdão. E eu sem saber de quê, por quê. E você me dizendo: por só te ter descoberto agora, o que andei fazendo este tempo todo até te encontrar?
Soube que era sua assim que você me disse que era meu.
E nem precisamos de palavras. Ouvia-se um silêncio intocável por dentro do caos. Você agarrou a minha mão e me levou contigo, vimos o mar, o rio entrando no mar, os monumentos todos que já tínhamos visto dezenas de vezes mas nunca um com o outro e por isso nunca os tínhamos visto afinal, a cidade em horário de pico foi a cidade mais linda de sempre (ainda sinto o mundo parar quando o semáforo fica vermelho, à espera de que, como nesse dia, você me olhe nos olhos e me peça perdão sem eu saber por quê; e depois, nesse dia, você me disse "por te beijar sem autorização", e me beijou, tantas pessoas em volta sem saber que a melhor parte da minha vida estava acontecendo, se soubessem aplaudiriam, tenho certeza; só a felicidade se deveria aplaudir).

Fomos exatamente o que só poderíamos ser e por isso mesmo o que nunca deveríamos ter sido.

Fomos criando momentos inesquecíveis todos os dias — e nada é mais doloroso do que momentos inesquecíveis que sabemos irrepetíveis. Ficam em nós, no mais basilar de nós, como parte do que somos, como parte estruturante do que somos. E depois, quando você caiu, fui eu inteira quem caiu. E o pior é que você nem sequer estava lá para me amparar. A ironia maior do momento em que caí por você foi a de ainda assim esperar que fosse você a me amparar a queda.

Quando te perdi eu quis repetir em outros, e nunca mais passei de uma repetição de mim mesma, uma triste repetição de mim mesma.

Quis que fosse tudo como era contigo, sem saber, pobre de mim, que o que era contigo só poderia ser contigo — é tão simples e há tanta gente que não entende, como é possível?

E o erro de quem um dia amou o amor de uma vida toda é querer repetir o amor de uma vida toda na mesma vida. Mas não é possível. Para amar um novo amor há que criar uma nova vida: uma nova atmosfera. Um novo mundo. Deixar que o anterior se vá, lentamente, apagando — entender que nunca se apagará na totalidade mas que pode, ao fim de muitas tentativas, deixar-se diluir no interior do novo.

Para amar de novo há que nascer de novo.

Quer nascer outra vez comigo, quer?

dezembro é o tempo que se gasta, as nuvens apagadas no final do sol. gosto de provar o improvável, como todos os que me conhecem adivinham. preciso de uma espécie de lágrima para que uma espécie de abraço me cure.

só as pessoas sabem o que move as pessoas.

a mim me move a incerteza, o instante absurdo.

e você.

(não é a felicidade também ter com quem chorar?)

Havia um homem que chorava no centro da rua.
Havia um cão que, abandonado, se estendera à sombra de um candeeiro.
Havia um calor infernal, o chão como canibal debaixo dos pés.
Havia uma velhota sozinha a caminho da padaria.
Havia uma praça verde, árvores frondosas, a pedra da calçada cheia de histórias para contar e de ninguém para as ouvir.
Havia um jovem que, de mala na mão, entrava numa velha caminhonete que ali passava uma vez por dia, religiosamente às dezesseis horas, conduzida religiosamente pelo senhor Heitor, filho do presidente da junta da freguesia.
Havia um relógio da igreja meticulosamente adiantado três minutos em relação ao resto dos relógios do mundo (pelo menos dos que estão certos), como se ali se vivesse três minutos à frente do seu tempo.

Depois houve o homem que chorava chorando ainda mais, o cão abandonado se chegando a esse homem, pedindo com a cabeça e o olhar caído e ao mesmo tempo esperançado um mimo, o homem limpando com uma mão a lágrima e com a outra lhe fazendo um mimo, lhe dizendo "vem cá que você está vivo" (basta tantas vezes alguém estar vivo na nossa vida para a nossa vida passar a estar, também ela, viva), a velhota que ia a caminho da padaria parando junto ao homem e ao cão, olhando para eles com todo o tempo do mundo (são os velhos que, apesar de não terem tempo nenhum, parecem olhar para o mundo com todo o tempo do mundo, e talvez sejam mesmo eles que têm todo o tempo do mundo), em seguida se aproximando ainda mais de ambos, se sentando junto aos dois, a mão velha dela na cabeça molhada dele, a mão trêmula e desistida dele na cabeça peluda e suja do cão, ela dizendo "deixa que se é humano passa" (um velho sabe que passa, basta olhar para ele e se sabe que passa, que tudo passa, sobretudo a vida), o cão abanando a cauda como se a felicidade se resumisse a estar junto de quem o quer (e o sacana até é bem capaz de ter razão: no fundo a felicidade pode no final das contas resumir-se a estarmos juntos de quem nos quer), a velhota com a força toda que tem a puxar o homem, a erguê-lo, ele se deixando puxar (toda a ressurreição se inicia com alguém outrora morto se deixando puxar), o cão se encostando nos dois enquanto se levanta, a sede parece que já se foi, o calor também, está um silêncio completo no interior da praça antiga da aldeia antiga, e um homem que chorava ainda chora mas já tem com quem chorar (não é a felicidade também ter com quem chorar?), e uma velha que ia à padaria já vai à padaria com alguém com quem partilhar o pão (não é a felicidade também ter com quem partilhar o pão?), e um cão que estava abandonado já encontrou em segundos as pessoas da sua vida (não é a felicidade também encontrar em segundos as pessoas da nossa vida?), o que lhes aconteceu quando entraram naquela pequena casa terá sido o que acontece com todo mundo em todas as casas, pequenas ou grandes, deste mundo de deus ou de outra coisa qualquer, quem foi capaz de amar amou e foi feliz para sempre mesmo quando foi infeliz, quem não foi capaz de amar não amou e foi infeliz para sempre mesmo quando foi feliz, e entretanto, exatamente três minutos depois, o jovem que havia entrado na caminhonete vem correndo sob o calor infernal e bate à porta da casa da velhota, ela abre, chora, abraça-o, o homem que chorava passa a ser o homem que volta a chorar (mas parece chorar um choro oposto ao choro que chorava antes), o cão abana a cauda e quer também um abraço, o relógio da igreja aponta dezesseis horas e quatro minutos, quando o resto do mundo chegar a essa hora já três pessoas e um cão viveram três minutos de mudança, haja pelo menos três minutos para mudar a vida,

    e ela mudará mesmo.

A adolescência nunca morre, somos sempre urgentes quando amamos — percorremos a ansiedade como um mapa de perigos. Há um adulto a menos sempre que há um apaixonado a mais.

Os grandes não são os que crescem nem os que deixam de crescer; os grandes são os que não deixam de ser: o tempo mata, sim; mas o tempo apaga ainda mais. A velhice é a ausência de sonhos, e há tão poucos velhos com muita idade.

A gravidade é a morte travestida, uma sereia sedutora ao canto dos anos. Desaparece-se quando tudo parece grave: aqui jaz um humano, dirá alguém quando nasce um adulto.

Cresce-se para fora do riso, que estupidez.

As caras feias não deveriam ser tapadas; as caras feias deveriam ser multadas. Sim: multadas. Severamente multadas. Mas atenção: as caras feias não são as caras feias. Não: as caras feias são as caras sempre infelizes, sempre com aspecto de quem só sofre, de quem passa a vida a sofrer, de quem passa pela vida sem saber o que é viver. As caras feias deveriam ser severamente multadas. Eu defendo uma nova PIDE. Eu defendo uma Polícia de Intervenção pela Defesa do Encantamento. Uma polícia que lute pelo direito ao encantamento, à magia, ao fascínio. Uma polícia especializada e altamente treinada na identificação das caras feias. Porque uma cara feia causa mais infelicidade do que muitas guerras. E sobretudo porque ter ou não ter uma cara feia depende apenas do dono da cara. Se você quer estar de cara feia está de cara feia; se quer estar de cara bonita está de cara bonita. É claro que há problemas e dores e sofrimentos e acontecimentos e palavras e gestos e merdas assim, que magoam e causam vontade de ficar de cara feia. Mas é você, no limite, que decide como está a sua cara. É você, então, quem define o que faz aos outros com a sua cara: se os alegra (ao optar — sim: optar; já te provei que estar de cara feia ou cara bonita é uma opção sua e só sua até que a morte os separe — por uma cara bonita) com uma cara bonita (alegre, emocional, com vida e mensagem de que viver vale a pena); ou, pelo contrário, se os entristece ou deprime (ao optar por uma cara feia, apática, desligada do mundo e escura). Se está na sua mão e é você quem define: deve ser castigado, com toda a severidade e sem misericórdia, pelo mal que faz aos outros: pelo crime que faz aos outros. Uma cara feia é um crime contra a humanidade. Quem passa todo o dia de todos os dias de cara feia é um criminoso: um terrorista da pior espécie. Quem passa pelos dias de cara feia é mais perigoso que o Bin Laden. Uma cara feia mata mais que muitas guerras. Uma cara feia é um genocídio ambulante. Eu sou pela criação de uma polícia que puna as caras feias — os donos das caras feias. Eu sou por uma polícia que detenha, durante muito tempo, as caras feias; por uma polícia que liberte, pelo maior tempo possível, o mundo das caras feias. As caras feias são um vírus. As caras feias passam de pessoa para pessoa. Se eu chegar ao ônibus e vir todo mundo de cara feia e cansada e desligada e com "estou farto disto" e "não aguento mais" e "sou tão infeliz" eu mesmo ficarei de cara feia. E a rede vai se alastrando, se alastrando — até que não reste uma única cara bonita. Uma sociedade em que é mais aceitável uma cara feia do que uma cara bonita é uma sociedade feia. Uma sociedade doente. Uma sociedade que merece, também ela, ser presa. Uma sociedade em que estar feliz é estranho é uma sociedade estranha. E se você ainda não tinha estranhado isso é bom que fuja rápido. Vem aí a PIDE, ó feioso.

No meio de nós nem Deus consegue estar.

Vem das lágrimas o segredo, a mão vazia num jogo de fugas: ama-se o impensável, nada mais.
Cada despedida é uma morte, e poucas vidas se despedem erguidas.
Quando eu morrer quero estar vivo, só isso.

E me lembrar de cada pessoa como se lembrasse um incêndio: vive-se para aquecer, nada mais.
O prazer é uma eternidade fingida, e poucos mortais realmente morrem.
Quando você vier quero te abraçar, só isso.

E pedir que não se esconda, a coragem é a exposição, a recusa do tácito: a queda é não saltar, nada mais.
O covarde é um impotente emocional, e poucas emoções seguram a vida.
Quando chorar preciso sentir, só isso.

No meio de nós nem Deus consegue estar.

Uma mulher apaixonada é até morrer uma mulher apaixonada: vive daquele amor que muitas vezes até nem é amor; é ao invés uma espécie de dependência, um vício, uma seringa que se espeta na veia e de lá não consegue ser retirada. Uma mulher apaixonada alimenta de pedaços suculentos de vazio o que sente: basta um sorriso, uma palavra menos agressiva, um simples carinho, para tudo voltar a fazer sentido e o amor ser perfeito — perfeito: um amor perfeito para uma mulher completamente apaixonada não é mais do que uma conta de nada mais nada, que resulta em tudo para ela.

"Tenho a vida sexual do meu avô."

E eu rio, e você ri. Ainda há pouco (e já tenho tanta saudade, tanta, saudade boa, das que em vez de matar dão vida, sabe?) rebolamos que nem loucos pelo chão, depois pela cama. Você é o meu tipo favorito de mente. O meu cérebro favorito. A minha cabeça linda. Você sabe que foi isso, sempre isso, o que me levou até você. E depois até percebi que era legal, desgraçado. Legal demais, se quer saber — que desassossego, deus me ajude. Me vale a certeza de só eu te ver assim. O amor é acima de tudo a capacidade de só um nos ver assim.

"Esqueça o destino."

E você tem toda a razão. A grande oportunidade da vida é não haver destino algum, um mapa de possibilidades a perder de vista e a minha sorte, e a sua, de nos termos nos braços. Que estupidez é procurar explicar para onde vamos, procurar entender de onde viemos — se tudo isso nos tira de onde estamos. O fundamental é onde estamos, o que estamos, neste momento, a ser. E eu estou a ser sua, absurdamente sua, enquanto você me beija o rosto e me toca o cabelo, o orgasmo já foi mas nós nunca vamos. O amor é acima de tudo a capacidade de ficar depois do orgasmo.

"As pessoas precisam umas das outras porque as pessoas precisam da felicidade."

E nem entendo como custa entender isso. Como não se percebe algo tão elementar assim? Precisamos das pessoas porque precisamos da felicidade. E a felicidade vem muito dos outros e não há mal nenhum nisso. Que se danem os que dizem que não pode ser assim, que temos de ser felizes no interior de nós, sem precisar de outros. Que chatos. Que tédio. Eu sou necessitada de pessoas para ser a pessoa que sou. Preciso amar, ser amada, falar, tocar, abraçar, querer, ser querida, desejada, devorada. Preciso tanto de pessoas, amo tanto pessoas. Sou drogada de pessoas. Mas sou mais ainda drogada de você, preciso de você porque preciso ser feliz. Você é a melhor maneira de ser feliz. Você é a melhor maneira de tudo, na verdade, porque me movo na sua direção sempre que me movo, porque se falho quase sempre é por você e se acerto quase sempre é por você. Quase sempre, não diga a ninguém, é por você que sou por mim, quase sempre é por você que consigo ser por mim. O amor é acima de tudo a capacidade de sermos de outra pessoa para sermos por nós.

"Tenho a vida sexual do meu avô."

E tem toda a razão, sacana, tem toda a razão, vem cá que vamos já tratar disso.

Que você nunca se proíba o prazer, pois é apenas nele que se proíbe o morrer.
Que nunca a noite seja somente escura, que você nunca esqueça que o suor também cura.
E que você gema o ai sem pensar no tempo, e que o orgasmo seja o ai de todo o momento.
E que você ame com o corpo o que é de alma, e que seja do pecado, do que não pode e ama, do que te faz amar todas as camas.
Não há medo que apague o sonho, não há não posso que apague o quero — e que você seja o faço e nunca apenas o espero.
Não há lágrima que apague o fogo, não há dor maior que fugir do que dói — e que você seja sempre o que é e nunca o que já foi.
Que você nunca se proíba o prazer, pois é apenas nele que se proíbe o morrer.

(quantas felicidades se perderam por arrependimento tardio?)

As palavras caem como bombas no interior de duas pessoas que se amam. Eu gostaria de evitar as mais duras, as que acontecem antes do arrependimento. Quantas felicidades se perderam por arrependimento tardio? Basta um ou dois segundos de atraso e o edifício desaba — um castelo de cartas doentio, obsessivo, sufocante. É impossível respirar por dentro do que podia ser e não é porque houve palavras que foram longe demais: o problema das palavras é não terem coleira. Ninguém sabe onde acaba uma palavra: é um vírus que se propaga, sabe-se lá até onde.

Ninguém segura uma palavra em liberdade.

Tudo para te dizer que ontem você falou demais. Disse em poucos segundos as palavras que não posso suportar: não sou feliz. Eu posso aguentar tudo menos a sua infelicidade. Provavelmente o amor não devia ser assim, provavelmente haverá outra forma de amor, na qual quem ama só quer, a todo custo, doa a quem doer, quem ama ao seu lado. Mas eu não amo assim. Só te quero se for eu, no mínimo, a causa maior da sua felicidade. Basta duvidar de que é assim para eu desistir. Sou um fraco, eu sei. Ou então sou forte em excesso — porque só com uma força inacreditável fui capaz, agora mesmo, de deixar o bilhete pousado em cima da cama. E aqui estou: a rua me mostra que eu sou, por mais tetos que tenha, um sem-teto de você.

Mas antes sem você do que sem a sua felicidade.

Vou te deixar — mesmo que, por mais que não entenda, seja você a me deixar. Há de doer. Há de doer tanto, meu Deus. Há de haver noites intermináveis numa cama qualquer — é sempre uma cama qualquer quando não é uma cama em que esteja eu e o seu corpo no meu. Há de haver recordações intermináveis, a incapacidade de passar por alguns lugares, de ouvir algumas músicas, de ver alguns filmes. Há de haver, até, a necessidade de chorar para sangrar melhor.

Viver melhor é muitas vezes a capacidade de sangrar melhor.

Há de haver mais passados que futuros. Hei de querer sempre ceder, te procurar de novo, querer me convencer de que ainda posso reverter a situação a meu favor — e que a meu favor também poderia ser a seu favor. Mas depois chegará a lembrança das palavras, as tais três palavras (não sou feliz, não sou feliz, não sou feliz) como um refrão inesgotável, e voltarei à cama vazia, à vida sem teto de te saber melhor sem mim.

Isto pode parecer uma carta de despedida. Mas é só uma carta de amor: a mais apaixonada das cartas de amor que te escrevi.

Quando for feliz prometa que vai se lembrar de mim.

(quer vadiar comigo todos os dias?)

Vadiar está subvalorizado. Vadiar é olhado de soslaio pelos montes de bosta que julgam que sabem tudo, que condenam o sol porque aquece, a chuva porque molha, o vento porque despenteia. Defequemos neles. Vadiar urge, vadiar é preciso. O inferno não é o outro; somos nós — se não vadiarmos. Noventa e muitos por cento dos momentos inesquecíveis que você viveu foram — pense um pouco — aqueles momentos em que você simplesmente desligou o chip do que tinha de ser e resolveu vadiar. Você vadiou sem medo. Vadiou como o vadio que é e que todos somos.

Todos nascemos vadios mas depois alguns morrem.

Abdicar de vadiar é uma forma de morte. Ou, pelo menos, uma forma de antivida: de contravida.

Mas vadiar responde a três mandamentos essenciais:

1. Ter rumo. É fundamental perceber que vadiar só por vadiar é uma vadiagem oca. Uma pseudovadiagem. Uma vadiagem fajuta. O Grande Vadio é o que vadia com intenção: com método, com rigor. Com classe. Por exemplo: um vadio fajuto sai à noite porque julga que sair à noite é uma forma de vadiagem instituída, uma forma de vadiagem que tem de ser; o Grande Vadio, cheio de classe, só sai à noite quando sair à noite tem um propósito claro: encontrar um amigo, dançar como um maluco, conhecer uma nova casa noturna ou experimentar uma bebida que só num determinado local é que existe. O Grande Vadio vadia com rumo, vadia com gosto, vadia com sentido. É um vadio gourmet, claro.
2. Obter prazer. É sempre esse o grande objetivo de um vadio que se preze. Enquanto o vadio fajuto vadia porque é a única coisa que sabe fazer, o Grande Vadio vadia apenas quando vadiar lhe traz prazer. Se, porventura, lhe traz mais prazer não vadiar, então não vadie nada. Fique em casa, tranquilo, gozando o prazer imenso de, por vezes, não vadiar. Ou vadiando na cama, vadiando no sofá, vadiando na varanda. O Grande

Vadio sabe que a vadiagem exige critério, no mínimo, de excelência. Se não é excelente não é vadiagem; é mendigagem. Se não traz prazer não é vadiar; é estupidez. E um vadio estúpido não é vadio nenhum. É só estúpido.

3. Delinear fronteiras. Qualquer um sabe vomitar por excesso de álcool — mas isso não é vadiar; qualquer um sabe pagar mico no meio de uma pista de dança ou em cima de um balcão ou num karaokê qualquer — mas isso não é vadiar; qualquer um sabe, enfim, estragar tudo aquilo que de bom uma vadiagem traz; mas só o Grande Vadio entende que, para ser excelente, tem de ter fronteiras. Tem de ter limites. É claro que se pode, aqui e ali, de acordo com o Mandamento Número Dois, ultrapassar esses limites. Mas raramente isso deve acontecer. Porque a fronteira entre a euforia e a depressão é tênue, há que manter o limite elevado — mas quase nunca ousando ultrapassar. Na maioria das vezes, querer ultrapassar um limite elevado demais não significa chegar mais alto; significa cair de mais alto. Vadiar tem de ser sinônimo de inteligência. E de amor também. O Grande Vadio ama a vadiagem — e faz, por isso, tudo o que pode para mantê-la assim: amável. Para não estragá-la com excessos idiotas. O Grande Vadio é um apaixonado pela vadiagem. Um ser inteligente apaixonado pela vadiagem e por tudo o que ela representa.

Pense nisso, meu vadio.

Um dia vai deixar de haver amanhã. Um dia você vai acordar e já não pode acordar. É bom que você acorde antes desse dia.

Escolhera passar o resto da vida ao lado de uma mulher que não amava. Era a sua maneira de se sentir seguro, de se manter vivo. "Amar todos os dias é cansativo demais", costumava pensar. "Amar é um trabalho em tempo integral", acrescentava. "Eu gosto de pensar que ainda tenho domínio sobre a minha vida", concluía. E abraçava, com ternura, a mulher que, mesmo não amando, aprendera a amar. Era uma construção que, ao fim de muitos anos, conseguia explicar com facilidade. A lógica era simples: quando se ama, com a vida toda, a pessoa que se ama acaba-se por não amar, com a vida toda, tudo aquilo que temos para amar por fora do amor; por outro lado, quando se ama, com a vida toda, quem não se ama o que se está fazendo é, no fundo, amando tudo aquilo o que a vida, com a liberdade de não estarmos prisioneiros de um amor totalitário (e todos os amores, pensava ele, são totalitários), tem para nos oferecer. O raciocínio, apesar de lógico, não tinha lógica nenhuma. E não faltaria muito para ele o perceber de uma vez. Começou lendo numa pequena crônica de jornal a frase que o fez repensar todas as suas convicções. Era mais ou menos assim: quem não fica com quem ama tende a estragar a vida de quem não ama. Ele não fazia ideia se era essa a intenção do autor, mas a verdade é que, a partir daquela leitura, que acabara de fazer num pequeno café onde apenas parara para comprar tabaco, nunca mais foi o mesmo — embora, mais tarde, viesse a perceber que passara apenas, isso sim, a ser outra vez o mesmo. Mas avancemos na história que há muito para contar.

No dia seguinte, na hora marcada, encontrou-se com a mulher que amava. Como se chegou a esse ponto é algo que pouco interessa — digamos apenas que, a dada altura, deu a impressão de que ela já esperava, ao lado do telefone do seu emprego, que ele ligasse. Como se estivesse ali há mais ou menos milhões de dias à espera de que ele visse o que era a vida. Já não se viam há vinte anos mas estavam exatamente na mesma. Nem uma ruga a mais nem uma ruga a menos. O tempo, perceberam então, tinha parado para os dois. "O amor envelhece", disseram, quase em simultâneo. Tiveram então de optar entre envelhecer ou amar. Era essa a única opção. Nem ele se lembrou da mulher com quem passara os últimos vinte anos nem ela se lembrou do homem com quem vivera quase duas décadas. A única decisão era entre continuar a vida possível ou ir à procura da vida impossível. "Se eu ficar contigo o mais provável é ficar sem mim", disse um, não importa qual porque, na verdade, nem a diferença de vozes se fazia sentir entre os dois: diziam o mesmo com a mesma voz. Era assim que, pelo menos, eles, dentro de si, o ouviam. "Não fomos capazes de nos sobreviver", disse outro. Foi nesse ponto que deixaram de falar e deixaram que o corpo de um silenciasse o corpo do outro. Houve ainda o suor e as bocas. Depois chegaram os sexos. Também eles, embora naquele momento isso fosse o menos importante, estavam intactos. "Talvez só o amor consiga envelhecer os sexos", pensou ele. E se dedicou, em apenas algumas horas, ao envelhecimento intensivo.

Quando, na manhã seguinte, se levantaram, não tinham uma única recordação de um único momento dos últimos vinte anos. Pelo menos até o instante em que, ao olharem para a porta do quarto, encontraram o homem e a mulher que nunca amaram, sentados em duas cadeiras, de sorriso nos lábios, apreciando com tranquilidade o que estavam vendo. Foi nessa altura que descobriram que, além de não os ter deixado envelhecer, o amor também não os tinha, até então, deixado morrer.

Falar ou foder?,
e a poesia inédita da sua voz ao dizê-lo, a minha surpresa exaltada, as suas amigas em estado de choque e o seu sorriso,
que tipo de pessoa é você afinal?,
fomos capazes de tantas mentiras e agora custa muito despregar, houve distâncias a mais no meio de nós, você quis ser uma mulher de carreira, eu quis ser um homem como o meu pai, à moda antiga, o orgulho primeiro e o mundo depois,
quantas pessoas se perdem em nome de si mesmas?,
os dias chegavam e nós sempre em despedida, amanhã você prometia que iria ser diferente mas não era, nunca é diferente quando nos esquecemos de amar,
mais diabólica que a existência imperdoável dessa dor é não saber sequer por quê,
talvez haja uma cura para a morte mas não para te perder assim.

Falar ou foder?,
e nada ficou como antes, as mulheres não falam como você e é por isso que não as ouço, você disse tantas palavras feias e eu te amei tão bonita em cada uma delas,
a gramática existe mas não manda nas lágrimas,
na primeira noite você me quis imediatamente na cama, não temeu ser a mulher fácil nem a rameira do bairro, sabia bem o que queria e o que nunca aceitaria, acabar refém de uma coragem adiada, louça para lavar, o amor possível, a mera passagem dos dias,
o imperdoável é não fazer, não é?,
eu me deitei em você e só agora me levanto para me ajoelhar, se pudesse rastejava até o princípio da sua possibilidade para te pedir perdão,
quantas vidas pode valer uma noite?,
mas o quarto está vazio, as suas roupas de inverno ficaram e eu amo todas elas,
talvez haja uma cura para a morte mas não para te perder assim.

Falar ou foder?,

e foi pelo corpo que nos conhecemos, eu não sabia as horas mas me perdi no tempo,

ainda ontem passei o dia reconstituindo os movimentos da sua anca sobre a minha,

a noite acabou quando ainda tínhamos tudo para começar, eu quis te falar da importância do beijo mas você me beijou, quis te falar do segredo da pele mas você me tocou,

o primado da carne e um orgasmo, eis a explicação da vida,

se eu pudesse escolher fazia tudo de novo mas mais vezes, tentaria compreender todos os motivos para o seu contentamento, e dedicar as vinte e quatro horas de cada dia a te contentar,

a felicidade é simples e eu te amo tanto,

volte agora para me tirar de mim, já estragamos tanta vida mas temos a vida toda pela frente,

talvez haja uma cura para a morte mas não para te perder assim.

Falar ou foder?,
perguntou ela,
e ele inexplicavelmente só disse que sim.

Que nunca o pescoço tenha vergonha de dobrar, pois é apenas assim que se pode amar.

Que quem ama saiba o que é a humildade, que quem é amado veja na ternura toda a verdade — e que eu seja a criança de toda a idade.

Que nunca o orgulho comande a palavra, que nunca a vaidade ordene nos gestos — e que eu seja drogado de todos os afetos.

Que o senhor da empresa olhe para o pobre na represa, que o senhor do país se lembre da força do que diz — e que eu seja o cabrão que nunca se esqueceu do que quis.

Que nunca a multidão se canse de lutar, que nunca o injustiçado desista de esmurrar — e que eu não tema o murro que tenho mesmo de dar.

Que o pobre coitado deixe de chorar, que o talentoso desgraçado exija criar — e que eu seja o que luta só para poder falar.

Que nunca o político se governe pelo bolso, que nunca as leis sejam do tamanho das notas — e que eu vá em frente mesmo com pernas tortas.

Que a criança que ri seja a que comanda o mundo, que o abraço dado seja a divisa do Estado — e que viver sem prazer seja o único pecado.

Que nunca o hoje não tente a perfeição, que nunca o minuto desista da ilusão — e que eu seja enorme mesmo que seja anão.

Que as palavras só sirvam para partilhar, que a linguagem só seja o veículo de sonhar — e que eu saboreie o ir e nunca somente o estar.

Que nunca o pescoço tenha vergonha de dobrar, pois é apenas assim que se pode amar.

Adoro a sintaxe do seu corpo, escreveu ele, a pele suada, enquanto ela lhe adormecia nos ombros. Nunca foram mais do que aquilo, dois corpos entregues à vontade um do outro, sem perguntas, sem tentativas de explicação — apenas olhar, tocar, procurar, apertar, sobreviver. E se um dia eu te quiser inteiro, ela lhe perguntou, pela primeira vez uma pergunta difícil no interior dos corpos fáceis, os olhos já quase se fechando, a sinceridade absoluta do sono se ouvindo. Não precisamos de mais tempo, precisamos de mais nós, respondeu ele, e nem percebeu que naquele momento era toda a sua construção de vida que caía por terra.

Acordaram no terceiro orgasmo conforme as escrituras, assim começava o romance dele, a sala cheia, imprensa e tanta gente à procura de um autógrafo, um abraço, uma fotografia com o grande artista. Esta é a história de duas pessoas que precisaram do prazer para entender a alma, a audiência fascinada, ele à procura dela mas nada, nem sinal, a sala cheia e um vazio imenso debaixo dos olhos dele. Se têm tudo, não queiram mais, as últimas palavras e um aplauso imenso fechando a sessão, as pessoas desesperadas por ele e ele correndo, sem olhar para trás, a livraria apaixonada vendo um homem apaixonado.

O nosso problema foi mexer no orgasmo, querer explicá-lo, dar-lhe razão, as palavras dela, a casa vazia, as malas dela à porta e o final como uma faca funda no meio da gramática. Te amo demais para não aceitar uma pequena parte de você se não te quiser em mim toda, ele lhe pediu, já não queria saber da literatura nem da sintaxe — queria o que ela lhe desse nem que viesse com falhas de ortografia. Ela bateu a porta e ficou, encostada, a ouvi-lo perdê-la, imaginou o espaço imenso que é o de uma casa onde já não está quem se ama. Aguentou um minuto, talvez dois, depois abriu outra vez a porta e mesmo ali ao lado das malas inventaram outra vez o amor.

Eu vos declaro marido e mulher, o padre e uma igreja, ela e ele ao lado um do outro. Sim, responde ele, depois da pergunta do padre. Ela olha para ele e sorri, quanta sensualidade consegue caber no espaço exíguo de um sorriso? E alguns minutos depois ele assina um papel que ela também vai assinar, logo depois de abraçar a noiva e lhe desejar todas as felicidades do mundo.

Adoro a sintaxe do seu corpo, escreveu ele, a pele suada, enquanto ela lhe adormecia nos ombros.

Ontem fiz seis anos e os meus pais se separaram. Não sei por que se separam os adultos quando há tantas coisas boas para nos unir.

A minha mãe é bonita como uma loja Toys "R" Us, um mundo inteiro para descobrir no que ela me olha. Quando chora — e ontem chorou tanto — as lágrimas têm gosto de sopa fria, odeio sopa mas seria capaz de comer todos os dias um prato bem fundo se a minha mãe parasse de chorar para sempre.

Há tantas coisas que parecem valer por tudo até o momento em que chega algo que realmente vale por tudo.

Depois de o meu pai sair a casa ficou vazia, me deu um beijo na testa, disse "comporte-se bem, respeite a sua mãe", e eu disse "está bem" mas só queria dizer "fique que nós precisamos de você". A minha mãe nesse momento não disse nada, olhou para a janela e sei que chorou sem que eu visse — os adultos choram com medo de chorar, como se temessem o que os separa dos animais. É nessas alturas que eu sei que vale a pena estudar, para saber essas coisas que aprendi na aula de ciências e perceber por que é que vale a pena ser humano.

Há de haver sempre um humano sempre que houver um humano capaz de chorar.

A casa estranha, um silêncio malcheiroso espalhado pelo corredor, eu e a mamãe sem saber se abraçar, se fugir, o amor deve ser isto, percebo agora: uma sensação estranha de não saber se abraçar, se fugir.

"Havemos de sobreviver": quando a nossa mãe nos diz isso é certo que temos de ajudá-la a sobreviver. Ninguém dá muito valor a sobreviver, as pessoas dizem que é normal, que tem de ser, que é a vida — mas não é: sobreviver é a coisa mais importante do mundo, valha-me a professora Carla e as suas aulas de biologia, estudasse o mundo tanto como eu e metade dos problemas da Terra acabariam.

A ciência foi criada pelo Homem para ajudar o Homem, por mais que muitos Homens teimem em não vê-lo.

O sofá ainda tem as marcas dos pés do papai, aqueles pés grandes com aqueles sapatos pretos que ele engraxava sempre, todos os dias, antes de ir para o trabalho, a mamãe dizia "não faça isso que me estraga o sofá", ele pedia desculpa, sorria com aquele sorriso gigante (amo esse seu sorriso, meu pai, prometa que quando vier me buscar nos fins de semana vai trazê-lo consigo para eu me lembrar de como era acordar com ele e com as cócegas que me faziam feliz?), e passados quatro ou cinco minutos já lá estavam outra vez os malvados dos pés, aposto que a mamãe dava tudo para tê-los outra vez ali, naquele lugar, e ele também, que eu bem sei que ainda gosta dela, os adultos se separam quando há tanto ainda para juntá-los — mas já tinha dito isso, não?

Amanhã vou para a escola e sei que já serei filho de pais separados, como o Manel da Rua da Igreja, talvez eu lhe pergunte como é, talvez ele me diga que não é nada de especial, que até é bacana e tal, mas por enquanto me deixem fechar os olhos e imaginar que está tudo na mesma, assim a minha mãe para de chorar aqui no quarto ao lado.

Que nunca se separe quem se ama: essa não aprendi em ciências mas também não é preciso ser cientista nenhum para formulá-lo.

(o amor é um espaço situado exatamente no meio de duas distrações)

Nunca acontece o que se espera que aconteça. E ainda bem.

Quando te conheci pensei que ia conhecer outro homem qualquer, se quer saber nem me lembro do nome dele mas foi ele que me levou até você. É uma das pessoas mais importantes da minha vida e eu não sei seu nome, veja você. Se não tivesse aquele encontro naquele dia não teria ido àquele posto de gasolina àquela hora exata e não teria me enganado e colocado gasolina quando teria de ter colocado diesel. Não teria esperado ali uma hora por alguém que viesse me ajudar, uma pessoa qualquer que a companhia de seguros mandou — também não me lembro do nome dessa pessoa, eles que me perdoem que nesse dia a única memória que tenho é a que te vou contar a seguir.

Esperava que alguém viesse me salvar e você chegou para me amar, o que, bem vistas as coisas, é a mesma coisa sem tirar nem pôr.

"Você se importa que eu lhe diga que descobri algo de mim dentro dos seus olhos", você perguntou, uma frase absolutamente ridícula da qual eu teria rido e que teria feito eu me afastar de você ("que grande pateta que este me saiu"), não fosse o caso de também eu, nesse mesmo instante, ter descoberto algo de mim no interior dos seus olhos. Eu não sabia ainda o que era — quando o amor chega nunca se sabe bem aquilo que é, e só assim é que na verdade é mesmo amor.

"A última vez que me enganei no combustível não valeu a pena assim", você me contou depois, você estava ali pelo mesmo motivo que eu, que cabeça a sua, que cabeça a minha, nos encontramos no meio de duas distrações e bem vistas as coisas é mesmo assim que se encontra o amor: o amor é um espaço muito difícil de alcançar, situado exatamente no meio de duas distrações. Só quando duas pessoas se distraem de tudo o que não recomenda um amor (e é tão mais aquilo que não recomenda um amor do que aquilo que o recomenda, e é por isso mesmo que o amor é com certeza a coisa mais importante da vida: a única coisa importante da vida, se quer saber a minha opinião) é que o amor pode ter espaço para entrar, acomodar-se, encontrar o seu melhor ângulo e finalmente ficar, simplesmente ficar, deliciosamente ficar, e depois dolorosamente ficar, claro, também tem de doer, como naquele dia também doeu quando a situação ficou resolvida, o seu carro estava pronto, o meu também, felizmente você teve coragem de dizer que descobriu algo de si nos meus olhos mas que desafortunadamente não tinha conseguido descobrir o meu número de telefone. Desatei a rir mesmo que, agora que penso nisso, até ache que não foi grande piada, mas ri que nem uma perdida e só podia mesmo rir assim, porque era mesmo assim que eu estava: perdida, irreversivelmente perdida, de tal maneira que quando cheguei ao tal encontro com o tal homem não disse coisa com coisa, só olhava para o raio do celular que não havia maneira de tocar, foram à vontade quatro ou cinco minutos os que você demorou até ligar, a primeira vez que vi o seu número aparecendo foi a primeira vez que percebi que o amor tinha telefone, e se existe a felicidade pode muito bem ser só isso — saber que o amor tem um número de telefone e que se pode ligar para ele sempre que é preciso, como eu acabei de fazer agora: me distraí e estou com o carro cheio de gasolina quando devia estar cheio de diesel (raios, quando é que vão aprender a colocar letras maiores nesses postos modernos?), na bomba perto da casa do seu tio Carlos. Vem cá por favor que eu juro que me distraio muito logo à noite quando formos deitar?

(ainda pode ser hoje o melhor dia da sua vida)

Era uma menina que não gostava de chuva,
e começou a chover,
depois a menina vestiu um casaco comprido e se sentiu segura,
até que percebeu, quando já estava na rua, que o casaco estava rasgado e deixava entrar a água toda,
em seguida a menina foi a uma loja e quis comprar um guarda-chuva,
estavam esgotados, teve de comprar uma capa impermeável, daquelas amarelas e bem feias,
quando chegou à escola é claro que todos gozaram dela, lhe disseram que parecia um trabalhador de obras,
e ainda gozaram mais quando perceberam que tinha também as botas rasgadas dos lados,
a menina usou um tecido que encontrou no chão, desenrascou qualquer coisa para tapar as botas,
entrou na sala com alguns minutos de atraso,
os suficientes para a professora já não deixá-la entrar,
estava acontecendo o teste mais importante do ano e ela ficou ali fora, sem saber o que fazer,
para passar o tempo foi jogar voleibol com outras meninas que estavam no recreio, adorava jogar vôlei, era o seu desporto favorito, aquele em que muitos diziam que tinha um grande talento e talvez um grande futuro,
o que não gostava era de cair, que foi o que aconteceu um ou dois minutos depois, esmurrou a cabeça, os joelhos, os cotovelos,
tiveram de levá-la para o hospital,
tinha medo de não poder jogar mais, de estar tudo perdido,
também tinha medo de ambulâncias mas sempre lhe disseram que eram seguras,
e eram,
menos aquela, que não parou num semáforo vermelho e não evitou o choque com um caminhão que vinha do outro lado,

ninguém ficou ferido, só a menina é que continuou ferida e com o casaco dos homens das obras e as botas rasgadas e sem saber se iria poder voltar a jogar vôlei ou conseguir passar de ano,

além disso não havia nenhum médico disponível e teve de esperar quatro ou cinco horas para ser atendida,

quis ligar para a mãe mas o celular estava sem bateria, ficou sozinha com pequenas gotas de sangue seco em algumas partes do corpo sem que ninguém se preocupasse,

aqui fora a chuva continuava a cair, lá dentro a menina continuava à espera,

de repente a porta se abriu e entrou um menino da idade da menina, ou mais ou menos da idade da menina,

sorriram um para o outro, disseram olá um ao outro, contaram a vida toda um ao outro,

e quando há pouco, mais de sessenta anos depois, lhe perguntaram qual havia sido o melhor dia da sua vida, o mais feliz dia da sua vida, o dia que mais gostava de relembrar para sentir que a vida valeu a pena, a menina respondeu que foi sem dúvida nenhuma aquele mesmo dia,

em que havia uma menina que não gostava de chuva,

e começou a chover.

A solidão é a ausência de motivos, o gastar dos dias em noites inacabáveis. Há no Homem a necessidade do Homem, algo voraz no interior da veia.

Só precisamos do que não temos, como é óbvio. E é a insuficiência que nos sustenta.

Não se quer o que se tem agora, apenas o que nunca se teve — e ainda mais o que se perdeu. Até o que faz sofrer nos impede de cair.

"Eu te escondo do mundo para te manter impossível."
Foi o que ela pensou.
— A vida é o que acontece enquanto andamos à procura dela.
Foi o que ela disse.
"Não consigo acreditar que ficamos por aqui, que a vida nos pede que o imortal se mate assim."
Foi o que ele pensou.
— Te amo.
Foi o que ele disse.
E o carro parou.
Ela perguntou:
— Eu te peço que me dê os seus lábios em nome do prazer. Te peço que só use a boca para me dar prazer.
Ele insistiu nas palavras e se esqueceu do beijo.
(os amores acabam quando alguém se esquece do beijo)
— Se você é minha tem de ser minha. Se é minha, te quero com todas as horas do meu dia.
Ela queria o abraço para curar. Ele queria chorar para aguentar.
Mas nem ela abraçou nem ele chorou.
As palavras. As vacas das palavras.
(os amores acabam quando alguém esquece que noventa por cento das palavras matam; noventa por cento das palavras servem para matar: um sonho, um beijo, uma discussão; e também uma relação)
— Você é o segredo que jamais partilharei. É grande demais para caber no meu mundo.
Ela e a sinceridade. A vaca da sinceridade.
— Ao te deixar, aquilo de que mais sentirei falta é de mim. O resto se aguenta bem.
Ele abrindo a porta do carro, olhando nos olhos dela, pedindo amor como quem pede um pão.
(os amores acabam sempre por falta de pão)

"Não me peça que eu seja real. Não me peça para te trazer para o mundo. Alguém como você não merece a merda que sou, a merda que vivo. Não me peça que eu seja real."

Foi o que ela pensou.

— Me ame já e desapareça para sempre.

Foi o que ela disse.

"Te amo para sempre e desapareço já."

Foi o que ele pensou.

— Antes morrer do que outra vez prisioneiro do seu abraço.

Foi o que ele disse.

E depois a abraçou.

(os amores acabam quando alguém se esquece de que os amores não acabam)

Que nunca os pés só pisem o chão, pois é com eles no ar que os felizes se são.

Que nunca os loucos não digam que não, que nunca as amarras sejam o fim dos que vão.

Que nunca o passo por dar seja apenas medo a latejar, que nunca o passo que se deu seja apenas a esperança que se perdeu.

Que nunca se desista de traçar um caminho, que nunca o destino seja a dor do espinho.

E que eu dê o passo para além do que temo, e que nunca o aquém seja a medida em que tremo.

E que eu olhe em frente com pés destemidos, e que avance em gente para todos os caminhos.

Que nunca os pés só pisem o chão, pois é com eles no ar que os felizes se são.

(para que raios serve o que é saudável se não é amor?)

Quando a viu nua, vestiu-a e lhe pediu perdão.
Onde é que já se viu, a sua mulher assim despida no meio da rua? Que haveriam de pensar dele? Que haveriam, pior ainda, de pensar dela?
Amar é, mais que todo o resto, colocar quem você ama acima de todo o resto. Talvez esse não seja um amor saudável, talvez aqueles que dizem que devemos nos amar antes de todo o resto tenham razão; mas para que raios serve o que é saudável se não é amor?
A verdade era esta: ele a amava acima de tudo. Quando pensava na imagem dela se esquecia de quem era — e se sentia, paradoxalmente, profundamente dentro de si. Como se precisasse do que ela lhe trazia para poder se carregar até o interior de si mesmo.
"Vista-se que quando chegar em casa eu te dispo como deve ser."
Ela se vestiu — e ria, ria tanto, aquele riso que nenhuma rua suporta sem amar para sempre (em volta as pessoas olhavam e a amavam, o corpo dela, a voz dela, aquela maneira absurda de fascinar só porque é assim: uma criatura incomparável; mais ainda: uma criatura acima de qualquer comparação).
O amor é, mais que todo o resto, aquilo que está acima de qualquer comparação.
E tudo porque tinha lhe dito que não era capaz — que ela não era capaz. Mas era. Era capaz. Haveria algo de que ela não fosse capaz? Havia sido capaz de cantar em cima do piano de cauda de um dos cantores mais famosos de sempre: simplesmente invadiu o palco, sabe-se lá como, e ali ficou, cantando, desafinada mas artista (quem diz que o melhor cantor é o que afina melhor não percebe nada de música, e muito menos de emoção, passe a redundância), para mais de vinte mil pessoas. Havia sido capaz de simular uma gravidez num avião só para poder ter uma fila de assentos só para si e para ele. Havia sido capaz de largar, de um segundo para o outro, a sua casa de sempre, a sua cidade de sempre, o seu emprego de sempre, a sua vida de sempre, só para estar ali, com ele, naquele momento, naquele lugar onde ninguém os conhece. Só para amá-lo.

O amor é, mais que todo o resto, aquilo que serve só para amar.

Por que haveria de não ser capaz de, só porque lhe dá vontade, se despir completamente no meio da rua? Erro crasso tê-la desafiado. Ou simplesmente mais uma maneira de conhecê-la melhor: de percebê-la como a desconhecida que sempre iria ser. Há pessoas assim: por mais que as conheçamos serão sempre desconhecidas na sua imprevisibilidade; estranhas de si mesmas, talvez. Mas tão deliciosamente donas do seu mistério.

O amor é, mais que todo o resto, a forma mais deliciosa de mistério.

O que acontece agora mesmo nesse quarto de hotel de quinta categoria não é, pelo contrário, mistério algum. Não vamos pormenorizar, até porque imaginar é, por vezes, muito melhor que observar. Digamos apenas, para simplificar, que há dois corpos que se querem e se têm.

O amor é, mais que todo o resto, dois corpos que se querem e se têm.

Quando a viu nua, vestiu-a e lhe pediu perdão.

Ela, teimosa, não aceitou o pedido de desculpas. E se manteve nua, pois então.

Gostava de fingir que amava os outros, mas na verdade só amava a si mesmo no momento em que os outros pensavam que eram amados. Era essa, no fundo, a sua maneira de amar.

"O único amor é o amor próprio; o resto são caminhos até ele."
Estava escrevendo um livro a que deu o título de *Ame o outro apenas se não amar a si mesmo*, e começou a obra por uma frase simples e paradigmática de tudo o que se lhe seguiria:

"Nunca amei o outro — apenas o que o outro é em mim."
E ela chegou, leu a frase, abanou a cabeça uma vez, abanou outra, agarrou-o pelos colarinhos, lhe disse "me feche a boca com a sua antes que eu diga o que você não quer ouvir", ele obedeceu e nunca mais se ouviram senão os gemidos ao longo de todo o bairro, se havia coisa em que ela não era comedida era na exibição do contentamento.

"No final do prazer me encontro comigo para poder me gostar profundamente."
Ele não disse, mas ela percebeu que era isso o que ele, orgasmo passado, fazia sempre que se debruçava sobre a janela e fumava, olhar perdido sabe-se lá onde, um cigarro: "o cigarro da verdade", explicaria ele um dia, no tal livro que ele escreveu e ela leu da primeira até a última página.

"Te amo para conseguir me amar. Você está no estrato mais profundo do que eu gosto em mim, e se eu estivesse impedido de te apreciar seria incapaz de me apreciar. Te amo pelo que você faz em mim, pelo que consegue fazer de mim. Te amo para te ver feliz por ser amada, e assim poder me amar. Sou certamente o mais egoísta amante do mundo, e é assim que consigo me partilhar inteiro."
Estava ali, pensava ela, o maior grau de profundidade que um amor pode ter: o da inserção de uma pessoa na outra: "uma instalação de amor", escreveu, numa espécie de livro que ele nunca viria a ler.

"Dedico este livro unicamente a mim."
Começou dizendo ele na sessão de apresentação da sua obra, uma sala cheia para criticá-lo, até que ela se levantou, subiu ao palanque, agradeceu as palavras que ele lhe dedicou e lentamente começou a se despir. No final, corpo completamente nu, disse apenas: é apenas assim, por uma questão de justiça, que este livro pode ser lido. E, de braço dado com ele, abandonou a sala, todo mundo em volta se sentindo estranhamente despido perante o casal sem roupa que acabara de sair.

Desde o dia em que ela se foi mandou retirar todas as portas de casa. "Me magoam ", explicava, lágrimas nos olhos, aos trabalhadores que, de martelo e chave de fenda na mão, porta a porta, o iam libertando da imagem de Paula, a doce Paula, a abandonar-lhe a vida. "Quando imagino o que mais me dói na vida só vejo uma porta. Uma porta e ela, juntas, a me dizerem que até o eterno tem um fim", acrescentava depois, todos aqueles homens sem saber o que dizer ou o que pensar, e continuando a fazer o seu trabalho, mais um martelo aqui e mais uma chave de fenda ali. Havia um cheiro estranho no ar, sexo e lágrimas, suor e fim, a morte da parte mais interessante de uma vida se fazendo sentir. E chegou a ideia.

Não era um bilhete qualquer. Era um bilhete para até ela. Descobrira onde estava, com quem estava, por que estava. Quis fazer uma surpresa — "a última das surpresas", como tantas vezes repetia pelo caminho, o avião cheio sem entender aquele homem que, sentado na primeira fila da classe executiva, contava a quem quisesse ouvir o destino trágico da sua vida. "Só quero empatar a nossa situação, lhe fazer o que ela me fez, lhe mostrar o outro lado da vida", expunha com fluidez, um trago no copo de uma bebida transparente que não era água e todo mundo sem reação a vê-lo falar. "O pior da vida é que pode matar", finalizou então, uma gargalhada bem alta como vira mil vezes nos filmes de terror. E chegou o medo.

Chamava-se Andreia, tinha quarenta e cinco anos, era publicitária e tinha medo. É sobretudo isso o que interessa para o caso — para este caso: Andreia estava cagada de medo. Aproximou-se de uma das comissárias de bordo de forma silenciosa e, disfarçadamente, chamou-a a um canto. Disse-lhe a verdade em poucas palavras: aquele homem que ali estava era o ex-marido da sua melhor amiga e provavelmente estaria a caminho de matá-la; a arma que, apontou para lá quando disse isso, se fazia desenhar no bolso do casaco era a prova mais clara do que acabara de revelar. A comissária era uma pessoa como todas as outras e também tinha medo, dirigiu-se ao comandante e a todo mundo que estava na cabine naquele momento e o avião ficou, então, nas mãos de um monte de cagões, há quem jure mesmo que tremeu, o próprio avião, como se quisesse ironizar o medo humano. "O problema das coisas é não terem medo", recorda-se de ter pensado Andreia naquele instante, em que, na cabine de voo, ouvia todo mundo planejando o que fazer para impedir que uma desgraça acontecesse. Não aconteceu desgraça nenhuma. E chegou a terra.

Rua da Felicidade, até a toponímia pode ser cruel, ele se dizia, já depois de dizer isso ao taxista que o conduzia, ao olhar para a morada que ela escolhera para morar longe dele. Em pouco mais de quarenta minutos chegou lá, uma casa perdida no meio do monte, árvores e animais pastando em volta. "A casa perfeita para a justiça se fazer", e desta vez as palavras saíram alto, por mais irrelevante que pudesse ser, não havia vivalma por ali. Acariciou então o que trazia no bolso do casaco, de onde espreitava uma espécie de ponta tubular metálica, e se dirigiu à porta, o coração inteiro à espera de salvação. A noite caía e nem o amor podia evitá-lo. Lá dentro, luzes de gente, as luzes dela e de uma vida que não o quis. Imaginou-se, enquanto batia com força à porta ("o que eu vou fazer não se faz mas ao menos o faço educadamente"), sendo feliz ali: se levantando cedo para fazer o café da manhã e cuidar dos animais, vindo depois acordá-la com o beijo de bom-dia que o fazia acreditar na existência de Deus, os dois juntos partilhando o instante da vida outra vez, da vida todas as vezes, e a noite dos suores, ali, seria ainda maior, tanto espaço livre para que dois orgasmos acontecessem. Ai, se ela soubesse. Não sabia. Quando abriu a porta, pareceu surpresa, disse "o que está fazendo aqui", quis fechar a porta, mas ele não deixou. "Vim aqui para equilibrar as coisas, para repor o equilíbrio possível", disse ele, as mãos fortes empurrando a porta. Ela ia dizer mais qualquer coisa, como ele ia dizer mais qualquer coisa, mas no instante em que levou a mão ao bolso e quis tirar de lá o que já agarrava com a mão se ouviu um estrondo no ar, o som de uma vida a cair, o gado assustado em fuga. Era ele, ele mesmo, estendido no chão, em volta Andreia, a atenta Andreia, e dois homens fardados, orgulhosos, com o orgulho elegante de quem cumpriu o seu dever. Ainda com a mão no bolso, o corpo de um homem que queria justiça jazia, as lágrimas de Paula, a doce Paula, o abraço final, um beijo e talvez a culpa. Vieram os procedimentos legais, os policiais examinaram o corpo, fizeram o habitual e lhe retiraram da mão morta o objeto temível que os fizera matá-lo: um martelo de seis milímetros, o melhor do mercado, mesmo ao lado de uma pequena chave de fenda amarela. E chegou a culpa.

No meu prédio moram todos juntos mas nunca se encontraram.

A senhora do restaurante do térreo quer clientes, o adolescente do primeiro andar quer prazer, o casal do terceiro quer que ninguém os ouça discutir, e eu só quero que a noite venha depressa — que o dia faz ter vontade da vida que um dia tive.

Em todos os prédios há pessoas juntas que nunca se encontraram.

"É sempre a mesma merda."

"Por favor, fique comigo", era o que ele devia dizer, suas mãos tremiam, a voz não sabia o que fazer com o que doía, e acabou por sair aquilo, um grito de socorro disfarçado de declaração de guerra, o pior de amar não é aquilo que amar nos obriga a fazer mas sim aquilo que amar nos impede de fazer, e pensar é estranhamente uma dessas coisas.

"Estou farto disto."

"Te amo e só queria saber te perdoar para viver melhor", era o que ele devia dizer, havia tudo o que eles não eram capazes de fazer, a casa por pagar, a luz por pagar, a água por pagar, havia ainda o pai dela que não gostava dele (um miserável, um parasita que só quer o seu nome para ser bem-sucedido), a mãe dela que não gostava dele (todo mundo lá no bairro diz que ele tem outra e só você não vê, filha), e ela que mais uma vez se esquecera do seu aniversário, já passavam dois minutos da meia-noite e nada, ela continua na mesma, nem um olhar diferente, nem um abraço diferente.

"Vou embora daqui procurar quem me ame."

"Diz que é você e que só se esqueceu para me fazer uma surpresa ainda maior", era o que ele devia dizer, tanto como queria depois abraçá-la toda, o abraço maior da vida deles, tanto como queria a noite dela na noite dele, uma cama e a explicação de todas as coisas debaixo dos lençóis, tanto como queria no dia seguinte acordar, preparar o café para ela e levá-lo à cama, tanto como queria que no meio do café da manhã o telefone tocasse e fosse de uma das dezenas ou centenas de empresas para quem enviara currículos (parabéns, é o escolhido), e seria assim, tão simples assim, que em poucas horas deixaria de ser um desgraçado sem emprego nem nada e passaria a ser um felizardo com emprego e com tudo, basta muitas vezes um abraço que ficou por dar para impedir que toda a felicidade aconteça.

"Não adianta chorar que desta vez eu vou mesmo."

"Não sei o que vai ser de mim e ainda não saí e já tenho dez ou vinte facas espetadas no meio do peito", era o que ele devia dizer, as malas quase feitas, a casa onde aprendeu a ser feliz e a lhe ensinar como é perder tudo, as lágrimas dela no chão da sala, o que vai ser dela quando perceber que ele se foi?, é tempo de ser forte e preferir sofrer (quem foi o idiota que inventou a possibilidade de haver algo que apesar de doer faz bem?), é tempo de não olhar para a fotografia na mesa de cabeceira, ele e ela e um beijo à porta de casa quando tudo era o amor, quando tudo era apenas o amor, antes de haver o pai e a mãe e as contas, antes de haver tanta coisa no meio do amor, e o amor só acontece quando o deixam acontecer, nada de pessoas que não o amam no interior dele.

"Eu só gostaria que você encontrasse quem te magoasse assim."

"Me dói tanto essa coisa que tenho de magoar ainda mais para ter coragem de ir", era o que ele devia dizer, a porta já aberta, todas as recordações a se despedirem, não há beijo nem abraço, nem sequer um adeus, há um homem de malas na mão e uma mulher sempre a chorar no chão da sala, daqui a pouco, talvez, a situação vai se equilibrar, ele estará a chorar numa outra sala qualquer e ela continuará nesta sala a chorar, pouco importam as salas onde se chora, um dos grandes poderes do amor é nos fazer perceber a inutilidade absoluta dos espaços em face da dimensão de uma lágrima.

"Espero que um dia me entenda e seja feliz, por favor."

"Te amo", era o que ela devia dizer.
E disse.

A tarde magoa,
quando chega a noite?,
às vezes você chega e o dia nasce,
e eu também,
haja madrugadas para salvar o dia, o suor se faz de escuridão,
nem a chuva termina o calor,
te chamo o que posso,
desde que te chame.

Para que serve o relógio se é no seu olhar que se conta o tempo?

— Você está acima da beleza. A beleza existe por debaixo de você. Olhar para você é acreditar no impossível.
— Deixe de palavras e venha. Temos pouco tempo para estar juntos para sempre.
— Eu queria que todas as memórias me trouxessem essa imagem. Você e eu fazendo a eternidade.

Para que servem as palavras se é no seu corpo que se aprende a ler?

— O seu corpo é a única verdade que eu admito. Olho para ele e estou impedido de mentir. Eu o toco e estou impedido de sofrer.
— É para isto que serve querer assim: para impedir de sofrer. E para criar novos estágios de sofrimentos, sofrimentos eufóricos, sofrimentos vivos. O grande amor cria sofrimentos ativos, que te mantêm ligado à corrente, pronto para se mexer. E o amor de merda, o amor pequenino, é o amor que cria sofrimentos parados, sofrimentos tristes, sem reação. Sofrimentos vencidos.
— Te amo ativamente.
— Então faça do meu corpo a sua atividade. E agora, por favor.

Para que servem as lágrimas se é na sua pele que se aprende a chorar?

— Você me toca onde mais ninguém toca. Me descobre para eu me descobrir. Preciso de você para saber o que sou.
— Em você não procuro nem encontro. Em você eu vou. Me limito a ir e a chegar. Em você eu chego sempre.
— Quando você me fala ao ouvido deixo de ouvir. E passo a sentir. Você acende todos os meus sentidos para poder paralisá-los. Paralisa o que sinto para eu poder te sentir. Todo o meu corpo à sua disposição. Todo o meu corpo em polvorosa te vendo atuar. Paro toda em você para poder me mexer.

— Agora sente-se aqui. Mexa-se.

Para que serve mexer as pernas se só me movo quando te tenho?

— Hoje te amei mais fundo do que nunca. Hoje descobri que o centro do mundo dá prazer.
— Sim. Galileu não sabia o que era o amor. Amar é ter a certeza de que o mundo não é redondo e que tem o seu nome. É só quando você se vira ao contrário que o sol muda de lugar.
— Você gosta assim?
— Gosto assim. Mesmo de costas olho em seus olhos.

Para que servem as ciências se tudo o que é absoluto é te amar?

Havia um homem
que amava uma mulher.
E havia uma mulher
que amava um homem.
Um dia se separaram
e viveram felizes para sempre.

Mentira: não se separaram.

Momentos de Viragem: instantes em que tudo, no meio de nós, muda. Mesmo que nada, à nossa volta, se altere.

Se Gianni Dert tivesse virado à esquerda, no semáforo, não estaria agora de cócoras, escondido atrás da mata do parque da cidade, numa posição pouco consentânea com o seu status de cientista reputado e professor universitário numa das mais prestigiadas universidades do mundo.

Mas não virou.

A polícia bloqueara toda aquela área — e sabia que um carro azul, de alta cilindrada, havia atropelado a estudante universitária que estava estendida, assistida já por enfermeiros e médicos, no centro da estrada. Dezenas de homens fardados passavam um pente fino no local.

E encontraram.

— Ali.

O carro azul. Sem ninguém ao volante.

Gianni arfava, sem saber o que fazer. Em poucos minutos, certamente, seria encontrado. O suor caía, as mãos tremiam. "O corpo ensina", dizia, muitas vezes, aos seus alunos, procurando mostrar a eles que devemos perceber as nossas reações externas para podermos, depois, perceber as nossas reações internas. "O organismo é a parte visível, e real, da alma." O seu, agora, dizia-lhe para, como sempre, se acovardar, talvez dizer que havia sido um acidente, talvez chorar muito e dar a entender que estava em pânico e por isso se escondeu: "o corpo ensina". Com certeza teria sido muito mais fácil, e tudo ficaria resolvido, se tivesse optado por um desses caminhos.

Mas desta vez seria diferente.

"Já chega de me esconder", decidiu, e na sua cabeça só lhe passava a imagem de todas as ocasiões em que, por falta de coragem, deixara de tentar o que realmente queria. "Talvez Tanya ainda estivesse comigo", as lágrimas no meio do suor, a mulher da sua vida perdida para sempre. E apenas porque não tentou, porque não arriscou, porque recusou colocar em jogo o que tinha para tentar o que não tinha — e que tanto queria, oh, como queria.

Chega, pensou.

— Aqui.

Saiu da mata, caminhou um pouco e, orgulhoso, entregou-se. Estava, para surpresa de todos, completamente nu.

Tudo o que te acontece exige que se recuse a deixar andar, exige que recuse o ângulo imediato. Vá por outro caminho, veja pelo outro lado, faça o que é preciso para deixar de te deixar andar. Nem que tenha de correr, nem que tenha de parar para depois arrancar sem ter de só andar. Mas não se deixe andar. Porque é isso — deixar andar — que é morrer.

Conheceram-se no dia em que deixaram de se conhecer.

Ela, que sempre se conhecera como a mulher frágil e tímida, teve coragem para, do nada, ao vê-lo, lhe pedir indicações para uma rua que estava farta de conhecer — não fosse essa a rua onde ela mesma morava.

Ele, que sempre se conhecera como o típico galã com as respostas certas na ponta da língua, gaguejou, não soube bem o que dizer — até que, por medo, lá se saiu com uma explicação que não explicou nada mas que acabou por explicar o mais importante.

O que aconteceu no interior de cada um deles depois de se conhecerem foi o que nenhum deles soube, mais tarde, contar com minúcia.

Ela contou que a vida, tal como ela era, mudou ali. Contou ainda que não soube se mudou para melhor ou para pior — mas que tinha de mudar. "Mesmo que não quisesse mudar nada em mim já tudo estava mudado."

Ele contou que assim que deixou de vê-la naquele dia passou a vê-la ainda mais: "como um segundo olhar, uma segunda visão", explicaria, enquanto uma espécie de lágrima teimava em cair sabe-se lá por quê.

Eram ambos solteiros quando se conheceram e ainda são. Mas agora são solteiros um com o outro.

Ela inventou o conceito de estar solteira com alguém quando, sem saber como (ela que nem era nada dada a poesias e a aforismos), lhe disse que com ele se sentia exatamente mais livre que sozinha: "como se você me fizesse existir mais quando me faz existir em você", tentava expor a quem a ouvia.

Ele aceitou o conceito de estar solteiro com ela quando, ao ouvir a explicação, percebeu que podia muito bem ter sido ele a dá-la: "você tirou as palavras da minha boca", disse a ela. "Agora eu vou pegá-las de volta", acrescentou. E a beijou com profundidade.

A cerimônia em que se uniram para sempre como solteiros foi um copo de água.

Do Luso. Estavam, nesse instante, no açougue do senhor Emídio, um santo homem, e perceberam que teria de ser ele (não por ser santo mas por ser a pessoa que estava mais à mão, sejamos objetivos) a celebrar a cerimônia. "Pelos poderes que me foram investidos, eu os declaro oficialmente solteira e solteiro um do outro", disse por fim, socorrendo-se de um iPad onde, no Google (no Gógles, como ele sempre diz), pesquisou as palavras certas para um matrimônio assim.

Quando lhes perguntavam o estado civil respondiam apenas "felizes".

Ela, que sempre se conhecera como a durona que não acreditava no amor, derreteu-se para sempre.

Ele, que sempre se conhecera como o insatisfeito permanente, completou-se para sempre.

Conheceram-se no dia em que deixaram de se conhecer.

E ficaram solteiros para sempre.

(a gramática do instante)

"Sofro de excesso de amor e não sei se aguento", lhe disse ele, os olhos dela já com o que haverá de ser uma lágrima. "Amo com a sensação de urgência, com uma faca apontada para o pescoço: ou morro de amor ou estou morto", acrescentou ele, sem saber que acabara de definir uma lei universal da vida: ou você morre de amor ou está morto.

Nenhum dos dois morreu nesse dia, nem nos que se seguiram. Ela ficou impedida de falar e ele entendeu, como facilmente se entende, que só quem ainda ama ainda fica embargado pela possibilidade de perder quem ama. O que nos impede de respirar é sempre o amor, fique desde já isso esclarecido.

"Sofro de incapacidade para apenas continuar e não sei se aguento", lhe disse ele, meses mais tarde, os olhos dela perdidos (há uma pessoa à procura de si quando os seus olhos se perdem em algum lugar entre o que veem e o que não conseguem ver) no centro da rua onde ambos estavam, um prenúncio de fim de mundo — um abismo, talvez. Ou apenas mais do mesmo: o amor pode ser mil coisas mas nenhuma delas é apenas mais do mesmo. "Somos demasiado perfeitos, demasiado compatíveis. Nos damos bem demais. Tenho tédio de nós", acrescentou ele, bem distante de imaginar que provavelmente acabara de proferir uma frase errada sob todos os pontos de vista, sobretudo o gramatical, mas que não poderia deixar de ser definida como a mais correta de todas as frases. A correção de uma frase não tem qualquer relação com a gramática do texto, somente com a gramática do instante: se tudo se encaixa no que o momento sente, então estamos perante uma frase irrepreensível.

"Fiquei demasiado confortável em você, como se me pertencesse o direito ao descanso de nós, à veleidade de repousar no interior do que somos, entende", perguntou ela, dessa vez sem lágrimas e sem silêncio, o que muito provavelmente foi interpretado por ele como o começo do fim. "Sofro de excesso de defeito e não sei se aguento", acrescentou, com toda a calma do mundo, enquanto mantinha o olhar fixo em algo que ninguém nunca soube dizer o que era, nem ela.

Terá sido assim o final do filme que passou naquela tarde, na sala quatro do shopping mais novo da cidade: os olhos dela perdidos não se sabe onde e ele a olhá-los à procura de uma salvação final, do epílogo eternizado pelos contos de fadas. Certo é que todo mundo saiu dali decepcionado com aquele fim de fita que nada finalizou, exceto ele e o olhar perdido dela, embrulhados aos beijos debaixo das cadeiras sete, oito, nove, dez e onze da última fila do cinema.

O nevoeiro aquece quando a alma quer se esconder. A derrota vem quase sempre dos números, nunca das letras. Homens e mulheres procuram somas inexplicáveis: não é natural que mais poder signifique mais saber. O que dói é a possibilidade: ninguém resiste ao que podia ser.

Há amores muito difíceis de explicar e há amores facilmente explicáveis, sendo que só os primeiros são amores.

Comprou-lhe o anel de noivado ainda antes de conhecê-la.

Sabia que nada podia falhar, em momento algum, se porventura viesse a acontecer o que havia mais de vinte anos, quando a conhecera, decidira fazer. A empregada da loja sorriu quando lhe perguntou qual era a medida dela e ele respondeu: "a minha; exatamente a minha medida". Passou uma hora, talvez menos um pouco, até que encontrou o tal. Levou-o, pediu para embrulhá-lo "no melhor papel de sempre" e disse simplesmente "não sei" quando, desta vez, a empregada quis saber qual era afinal o nome dela.

Reservou a igreja para o casamento ainda antes de conhecê-la.

A igreja mais bonita da cidade, onde sabia que ela tinha sido batizada e onde tinha feito a primeira comunhão e todas as comunhões depois dessa. Em seguida marcou tudo no cartório ("deixe o nome da noiva em aberto por ora, por favor"), foi até a quinta mais requisitada da região para essas coisas e em pouco tempo ("sabe quem eu sou, não sabe? sim, sim, o cara que aparece na televisão, um dia te levo ao meu programa para falar deste seu espaço maravilhoso") tinha tudo prontinho para a grande cerimônia. Só faltava a noiva.

Comprou a casa dos sonhos dela ainda antes de conhecê-la.

Um apartamento no último andar, com piscina privativa interna, um quarto gigante só para poder colocar todas as suas roupas e sapatos à vista, um espelho de alto a baixo ao longo de uma parede inteira: "quero que haja o máximo de imagens dela pela casa; é para isso que servirá o espelho, todos os espelhos: tê-la mais vezes, vê-la mais vezes, amá-la mais vezes; os espelhos servem para amar em dobro e se não são uma invenção de Deus então Deus é tudo menos Todo-Poderoso". Fez o negócio num instante e só não assinou logo a escritura porque queria que tudo ficasse, desde já, em nome dela: "me deem um dia para eu lhes dar os dados pessoais da pessoa que vai comprar a casa". Apertou a mão e se sentiu feliz.

Pediu-lhe um autógrafo em alguns papéis ainda antes de conhecê-la.

Ela o achou engraçado, sentiu-se especial por ter uma celebridade a tratá-la como uma celebridade, riu alto e assinou. Ele pediu uma garrafa de champanhe ao empregado do bar, brindou com ela e lhe disse com simplicidade: "você é proprietária da minha casa e eu gostaria de ser seu inquilino". Ela aceitou mas, meio a sério, meio de brincadeira, disse que não tinha outro lugar para morar. Ficaram temporariamente morando na mesma casa, numa situação que nunca declararam às finanças. "Devo o meu amor por você à sua inteligência mas também à nova lei das rendas", ela teria confessado um dia, numa declaração que tinha tanto de amor como de fuga fiscal.

E foram felizes para sempre ainda antes de se conhecerem.

Que nunca a boca se canse de beijar, pois é essa a única maneira de falar.

Que nunca o medo castre o beijo, que nunca a saudade se perca no gelo, que nunca a verdade se perca nos lábios.

Que a palavra encontre sempre o caminho, que o verbo se conjugue sempre em nome do destino.

Que jamais se aponte o dedo a quem amou, que jamais se fuja de quem amar precisou.

E que eu seja capaz de arriscar o beijo, a língua, o toque.

E que você me deixe descobrir em seu corpo a sorte.

E você não será aldeia se puder ser mundo, e não será sussurro se puder gritar de bem fundo:

Sou o que tem boca e beija, o que tem alma e geme, o que tem lábios e fala.

Sou o que não quer mais do que tudo, o que não tem medo de um muro.

Sou o sacana e o infame, o poeta sem lar, o louco sem saída.

E o corpo de toda a medida.

Que nunca a boca se canse de beijar, pois é essa a única maneira de falar.

A ganância sentimental é a mais fatal das formas de ganância.

Quando você tem tudo aquilo de que precisa e continua à procura daquilo que precisa: está conseguindo, aos poucos, perder aquilo de que precisa. A ganância é o lado B da ambição. E o que numa é luz na outra é escuridão. Seja de coisas, seja de palavras, seja de gestos, seja de sentimentos: se você é ganancioso, é merdoso. É uma merda de uma pessoa que, só porque se sente dono da força e do mundo (do seu), acredita que deve exigir até aquilo que já tem. Se é ganancioso: é merdoso. Uma merda de uma pessoa que tem aquilo que quer e que mesmo assim parece estar sempre em luta para querer mais do que aquilo que quer. E que, no final das contas, acaba por não conseguir mais do que aquilo que quer. E, pior ainda, por perder aquilo que sempre teve e que, no fundo, era tudo aquilo que queria. A ganância sentimental é a mais fatal das formas de ganância. Se você ama e é amado: tem tudo. Não queira mudar de tons, de cores, de gritos, de gemidos, de geografia. Não queira mais do que aquilo que tem — se tem tudo aquilo que quer. Se ama e é amado: é o dono do mundo. Se ama e é amado: é o cabrão mais abençoado do mundo. Não diga "está bem" perante a mais suprema das felicidades. Não condescenda perante a mais suprema das felicidades. Se você ama e é amado é o cabrão mais abençoado do mundo. Agradeça. Todos os dias, toda hora. Não queira menos que tudo, sim. Mas não queira, mais ainda, mais que tudo. Querer ultrapassar o tudo é caminhar para o nada. Quer sempre o melhor para você. O melhor de você. E nada é maior, nada é mais feliz, que a felicidade de amar e ser amado. Se você ama e é amado é o cabrão mais abençoado do mundo. Amém.

Não procure moldar os outros à sua imagem. Há sempre o perigo de ser bem-sucedido nesse seu intento.

— Me espanta ter conseguido chamar de vida o que não era isso. O que não era nós. A língua tem destas coisas: por vezes encontra palavras alternativas, palavras dopadas, palavras megalômanas. Chamar de vida o que não era nós era uma hipérbole mentirosa, uma forma de as palavras esconderem o que deveriam mostrar.

— As palavras nasceram para mostrar.

— As palavras nasceram para nos servir. Quem inventou as palavras precisava daquilo que todos precisavam mas não conseguiam dizer.

— É isso que sinto quando te olho. Você é aquilo de que eu precisava mas não conseguia dizer. Quando me perguntam o que vi em você só sei responder "eu".

— A vida tem duas fases. A vida tem sempre duas fases, é essa a única divisão possível. Existe a vida que você ouve; e existe a vida que você fala. É no intervalo entre as duas que você vive. O segredo da felicidade é o intervalo entre as palavras.

— O segredo da felicidade é passar entre os pingos das palavras.

— O segredo da felicidade é saber escolher os pingos de palavras que te molham. A sua vida se define, em grande parte, pelas palavras que você escolhe dizer e pelas palavras que escolhe ouvir. Imagine: um ator no final de um espetáculo. Ele sai para a rua e tem duas hipóteses: vira para a rua da esquerda ou vira para a rua da direita. Na rua da direita há um grupo de espectadores que adoraram o espetáculo e na rua da esquerda há um grupo de espectadores que odiaram o espetáculo. E o ator vai decidir. Não sabe, ainda, o que dizem de cada lado. E vai decidir. E é nessa decisão sobre o que vai ouvir, sobre o que tem fatalmente de ouvir, que vai se definir o resto da vida dele a partir dali. Se for por um lado vai se julgar talentoso e capaz de continuar uma carreira grande; se for por outro vai se sentir frustrado e limitado enquanto artista. Qualquer um dos lados pode ser definitivo. Pode nunca evoluir porque pensa que já é o maior e pode nunca mais atuar porque pensa que nunca será bom o suficiente.

— Todos os dias há ruas que nos definem, ruas definitivas que temos de atravessar.

— Todos os dias são definitivos.
— Como as palavras.
— Como nós. Antes de você eu era a pessoa mais feliz do mundo. E depois de você é que passei a ser a pessoa mais feliz do mundo.
— Antes de você não me faltava nada. Mas depois de te conhecer é que passei a ter tudo.
— Te amo.
— Sim. Com todas as palavras.

A coragem, por vezes, escapa. Queremos fazer, queremos dizer, queremos conseguir. Mas ficamos no meio. Há o instinto, claro. A tentação fácil da autodefesa. Passamos a vida toda querendo o amor máximo e quando ele aparece fugimos. Porque é grande demais, porque é avassalador demais. Porque nos consome sem que uma única parte de nós consiga sair ilesa. O problema de amar tão grande é a possibilidade, sempre presente, de poder doer tão grande. Mas a coragem. Nos falta tantas vezes quando só um passo nos dará a certeza de que pode ser verdadeira a ilusão que nos mantém vivos. Te amo como se tivesse medo de amar: não é assim que todos os amores se amam?

Eu gostaria de correr o mundo todo que tivesse de correr para te abraçar até o fundo dos ossos. Sentir o encaixe perfeito do seu corpo no meu, os seus lábios em concha molhando os meus. E o prazer. O danado do prazer. O orgasmo que nenhum corpo consegue suportar. Te amo de uma maneira insuportável: não é assim que todos os amores se amam?

Mas falta a coragem. É grandioso demais para que eu o aguente. Você é grandiosa demais para eu conseguir te aguentar. E a dependência. A triste e ainda assim estupidamente feliz dependência. A certeza de que nada pode te substituir. A certeza de que sou um prisioneiro seu, de que serei um prisioneiro seu se der o passo em frente. Eu gostaria de ir pelo caminho da força própria, do homem que vive de si mesmo, do forte e sólido humano que só precisa de si para ser feliz. Mas depois chegam os seus olhos e percebo que isso é tudo treta. Te amo como se todo o resto fosse treta: não é assim que todos os amores se amam?

Hoje te escrevo uma carta de despedida. Quero que você a leia com cuidado. Nada é mais frágil que as palavras. As que agora te escrevo não pretendem ser mais que a covardia de um homem que um dia acreditou ter em si coragem suficiente para dominar o mundo — pelo menos o mundo estreito da sua vida. E que, sem perceber como, aqui está, estendido em forma de poema debaixo da sua presença. No fundo esta nem sequer é uma carta de despedida — é uma carta de desculpas. Está aqui, no interior mais íntimo destas frases, o meu profundo pedido de perdão. Desculpe, meu amor. Mas não consigo parar de te amar tão tudo. Te amo como se fosse impossível não te amar: não é assim que todos os amores se amam?

Mudar uma vida consiste em mexer em tudo o que está mal. Mas mudar uma vida consiste, mais ainda, em mexer em tudo o que está bem. O que está bem te faz mais mal do que o que está mal. O que está mal é meio caminho andado para chegar ao que está ótimo. O que está mal é tão imperfeito que é meio caminho andado para chegar ao que é perfeito. O que está mal te deixa desconfortável, te faz sofrer, te faz querer mais, te faz querer melhor, te faz desejar a mudança: te faz, mais ainda, operar a mudança. O que está mal te faz, muitas vezes, bem. É o que está bem que te faz mal. O que está bem te faz acreditar que aquilo, o que está bem, está bem assim. Mas não está. O que está bem nunca está bem assim: nunca está bem só assim. O que está bem te dá a ilusão de que você não pode ter mais ilusões, de que é aquela a maior ilusão a que você tem direito. E isso te impede de gozar a direito por prazeres tortos. E nada está mais mal do que ficar saciado com o que é bom. Viver, viver de verdade, viver como viver vale a pena, consiste em mandar pastar o que está bem, em mandar dar banho ao cão aquilo que te deixa satisfeito sem te deixar extasiado. Esqueça a satisfação. A satisfação é uma merda quando comparada com a euforia. A satisfação é uma merda quando comparada com o êxtase. Prefira o orgasmo. Prefira o clímax. Prefira sair do que te deixa seguro. A segurança absoluta é um tédio absoluto. Ouse tocar a linha vermelha. Ouse espreitar para além da linha vermelha. E depois avance. Avance sem medo. Sinta o medo de perder tudo. É a sensação de que você pode perder tudo que, tantas vezes, vale por tudo. Ouse cair para ter o prazer de se levantar, ouse sofrer para ter o prazer de vencer, amar para ter o prazer de se dar, zangar para ter o prazer de apaziguar, sangrar para ter o prazer de sarar. Ouse recusar ser o bonzinho, o regularzinho, o modelozinho. Prefira ser o que só está bem quando não está bem: o que só está bem quando está ótimo. E o que só está ótimo quando está perfeito. Recuse dar um passo atrás para dar um passo à frente; prefira dar um passo à frente para dar um salto ainda mais à frente. Prefira saltar. Porque saltar, fixe bem isto, é a única maneira de voar sem precisar pagar. Prefira mudar. Porque é assim, sempre assim, que se começa uma mudança.

E me basta o infinito — para te amar com algum tempo.

Talvez nem sequer a amasse mas não conseguia viver sem ela.

Começou assim o texto que iria escrever à sua mulher, mais de trinta anos a dois, e começou a chorar. Sentia-se, pela primeira vez, tocando o que podia doer, mexendo no que mais podia pesar dentro de si, as mãos geladas apesar do calor, apesar do suor, apesar de tudo lhe pedir para parar. Todas as pessoas têm um mecanismo de antidor que é, muitas vezes, também um mecanismo de antiprazer, pensou, e desta vez não escreveu, os braços parados e o texto parado, à espera da coragem, à espera de outra vez outra letra, de outra vez outra dor. Havia que regressar ao texto. Havia que regressar a si.

Ela existia e aquilo bastava para que tudo em mim tivesse de existir.

A frase seguinte, efêmera, saiu assim, dois segundos e já estava apagada. Há que ser mais cuidadoso, tratar do amor com pinças, fazer com que doa apenas o suficiente para ser inesquecível.

Ela existia e aquilo bastava para que doesse o suficiente para ser inesquecível.

E era, era mesmo, assim que a frase haveria de ficar, provavelmente a sua mulher de mais de trinta anos iria chorar, nunca imaginara, no interior do que amava, que havia ao seu lado um homem assim, tão prisioneiro quanto fraco de uma mulher assim. O amor provoca alegria como provoca fraqueza, cria criaturas felizes como cria prisioneiros, pensou, não escreveu, era importante escrever pouco mas tudo.

Ela me era tão pouco mas tudo.
A sala vazia, a cadeira velha fazendo os barulhos que as cadeiras velhas fazem, ele olhando para uma mancha qualquer na parede sem ver qualquer mancha na parede, olhando para a mancha na parede para conseguir se ver na

parede, o barulho insuportável de uma verdade com mais de trinta anos e os dedos cansados de sofrer. Depois chegou ela antes do tempo.

Ela chegou no momento certo para chegar antes do tempo.

Não precisou do computador nem das letras para escrevê-lo, disse quando olhou para ela, a sala de repente tão pequena para duas histórias tão grandes. Ela a olhá-lo nos olhos sem perceber que, atrás dele, as letras falavam trinta anos na tela do computador. O segredo da felicidade está em haver palavras paradas prontas para andar, palavras paradas prontas para se mexer quando chegar a hora de falar. A hora de falar, enfim, chegara. E ele enfim falou.

Talvez tivesse a certeza de não a amar quando a comecei a amar.

Ele quis dizer tudo, falar tudo, mas havia o corpo dela e o cheiro dela, e se há coisa que se aprende na vida é que nada prevalece sobre um corpo e um cheiro que nos fazem felizes. Na sala cheia como agora estava cheia, ela o submeteu à terapia do prazer: usar todas as células do que somos para encontrar pequenas sensações que valham o preço total de uma vida. Ele gostou, como não gostar do que o fazia estar vivo?, ela gostou, como não gostar de ter o controle do mundo?, e adormeceram os dois mesmo à frente do computador que ficou impedido de falar, mudo mas feliz.

Entre o desejo de ser feliz e a felicidade há apenas a distância do corpo dela.

Mais de duas horas depois, já refeito do orgasmo e da vida inteira, ele quis finalizar o texto que haveria de ler, sem medos, nos olhos dela. Seria dois dias depois, um restaurante, uma mesa cheia de amigos, e a ousadia de celebrar trinta anos de casamento com as palavras que ficaram por dizer. A lei não compreende a vida, escreveria ainda ele, revoltado por nunca o terem deixado alterar a sua data de nascimento para o dia em que a conheceu. A lei não sabe amar, e houve amigos que choraram, outros que sorriram. E houve ela, impávida e serena perante a certeza de que um abraço basta para agradecer a quem ama. E agradeceu.

Talvez nunca o tivesse amado se nunca o tivesse conhecido, mas o conheci.

Foi o que ela disse, nada mais, todo mundo apaixonado por aquele amor, alguns contam mesmo que se ouviu ao longe o barulho improvável de foguetes e de festa.

Talvez nem sequer se amassem mas não conseguiam deixar de se amar.

Ponto-final. Todas as histórias de amor merecem acabar com uma frase assim.

depois do que mata, é o que faz gozar que mais vale a pena viver. como a maneira frágil como o orgasmo se intromete no interior da dor:
(me perdoem a infantilidade)
e a felicidade.

— Se fosse hoje, você faria o que fez ontem?

A pergunta é dele, as mãos nas ancas, a revolta de quem se sente ultrapassado pelo tempo que deixou correr: pelo tempo que não agarrou.

— Exatamente a mesma coisa. Continuaria a sentir que você não estava e que alguém tinha de estar. Há momentos em que alguém tem de estar, momentos em que precisamos de alguém que esteja ao nosso lado, à nossa frente ou até atrás de nós. Mas precisamos de alguém que nos veja, que nos toque, que nos diga alguma coisa ou que nem sequer diga o que quer que seja. Alguém que esteja. Acredito que amar é estar. Estar para o outro, sim; mas mais ainda estar para nós. Amar é só estarmos para nós quando estamos para o outro, com o outro, o desgraçado ou felizardo que amamos.

— Nada desculpa o que você fez. Nada. Deixe de falinhas mansas, deixe de tretas. Nada desculpa o que você fez.

— Não peço desculpas pelo que não tem perdão. O que eu fiz não tem perdão. Mas tem toda a razão. Apesar de ter sido um ato impulsivo foi um ato razoável: um ato explicado pela razão como poucos, na verdade, o são. Eu estava precisada de alguém e encontrei esse alguém. Raramente conseguimos observar coisas tão lineares e racionais como esta.

Ela não pediu desculpas, não se penitenciou. Apenas procurou explicar o que, até ali, nunca tinha entendido. Há que haver questões novas para haver respostas novas. É para isso que serve a linguagem: para obrigar a pensar.

Todas as frases são sonhos por cumprir.

— Sei que não tenho estado, sei que ando ausente, sei que não tenho dado o que você merece.

Ele, que entrou na conversa para ter um pedido de desculpas, acaba de, praticamente, oferecer um pedido de desculpas.

Todas as frases são uma revolução.

— Eu também sei. E sei que sou uma mulher precisada. Sempre fui uma mulher precisada. De um olhar, de uma palavra, de uma pessoa, de um prazer, até de uma dor de vez em quando. Sou uma mulher precisada e você não estava lá quando eu precisava. Há muito que você não estava quando eu precisava.

— E você precisava de um sexo.

— Precisava de um orgasmo. Podia tê-lo de mil e uma formas. Mas ontem resolvi tê-lo através do sexo. Admito que você possa se sentir mal com isso. Mas para mim foi um orgasmo como outro qualquer, como outro qualquer que não necessitasse de um sexo. Se eu o encontrasse num texto ou num filme você estaria assim aborrecido comigo?

Ela coloca o sexo, quando não é com ele, no patamar da simples necessidade, no mesmo nível de um pedaço de arroz ou da urina que há para libertar. Ele discorda. Mas não sabe bem por quê.

— Você está louca. Só pode estar louca. Quer mesmo que eu acredite nessas merdas que está dizendo? Quer mesmo que eu te perdoe a merda que teve a coragem de fazer?

— Não. Só quero um abraço.

E se abraçaram.

Nenhuma frase resiste a um abraço.

Que nunca o abraço se possa comprar, pois é ele o melhor que se pode dar.

Que nunca quem abraça seja apenas os braços, que se toquem com os dedos todos os traços.

Que seja quem abraça também abraçado, que seja o abraço o lugar de toda parte.

Que se brinde ao corpo, à festa e ao sim, e que ninguém se conforme com o assim-assim.

Que se dancem as dores, que se lambam as feridas, e que todas as lágrimas sejam meras recaídas.

E que se erga um castelo de arfares, e que se construa um orgasmo de amares.

E que eu seja o por dentro de abraçar, o bastidor de sonhar — e que eu seja o viver e nunca o restar.

Que seja quem ama o dono dos meus braços, pois é no meio deles que uno os pedaços.

Que nunca o abraço se possa comprar, pois é ele o melhor que se pode dar.

Quero o que me impede de morrer e que por isso mesmo me mata.
A sua mão na mão dela. Toda a tristeza do mundo dentro do que te olho.
Já passaram três anos. Tanto tempo e ainda te amo como se fosse hoje.
Amar é passarem anos e ainda se amar como se fosse hoje.
É sempre hoje para quem ama. E hoje, três anos depois, o seu corpo no corpo dela na rua cheia de gente. Você pode agarrar os corpos que quiser que será sempre o meu corpo. E já tantos me passaram pelas mãos, pela pele. E nada se esquece dentro de mim. Ainda me lembro da sua voz no meu ouvido (quando a morte chegar não será tão eterna quanto o instante de nós), na noite em que todos os prazeres se celebravam.
Eu gostaria de amar o que fomos mas só consigo amar o que somos.
E somos, ainda (sabia que nunca mais ninguém me ensinou o orgasmo?), a imortalidade que me estava destinada. Já tentei tudo para te apagar mas tudo o que consigo é te borrar dentro de mim. Querer apagar um amor é apenas conseguir borrar um amor, e alastrá-lo, mais e mais, como uma mancha que não para, diabólica, a conquistar novas dores por detrás do músculo.
Amar é a filhadaputice de todas as dores serem de amor.
Nenhuma dor está acima do amor quando se ama assim. Você me ocupa tudo o que me dói e tudo o que me deixa de doer. E sinto a falta do que te sinto como sinto a falta do que não te sinto. Na mesma medida, com o mesmo tamanho, como um amputado que só sabe o que é doer na perna ou no braço que já não tem.
Já não te tenho e nem assim consigo deixar de só te ter.
Olho para a realidade atrás de você. Toda a realidade está atrás de você. Tudo o que existe é atrás de você. E lembro o que não fomos como o único destino que poderia ter. A casa a dois, os filhos, os projetos, toda a vida que eu quis recusar e que vou morrer desejando. Como um louco. Só quando acordei percebi que estava dentro do sonho. E já era tarde para voltar a sonhar. O prazo de validade de um sonho termina quando começa o seu não.
Só existe a loucura para se perceber o amor.
Te amo por interposta pessoa. Te amo por quem te faz feliz. Como se fosse eu. Todos os que te fazem feliz me apaixonam de ti. Aprendi a desvalorizar

os corpos. Aprendi que o amor é o momento em que a felicidade de alguém não precisa da sua. E é assim, mesmo infeliz com a sua infelicidade, que você consegue estar feliz. Sou feliz contigo e estou sempre em você. Te amo um amor unilateral. Te amo e exijo que você esteja feliz mesmo que não seja eu a te fazer feliz. Amar é o egoísmo total de um amor seu para sempre. E nem por isso deixa de ser o altruísmo total de um amor que pode não ser seu para nunca. Quem raios pensa que é o corpo para decidir quem eu toco?

    Sei que você existe e está feliz. E me basta isso para me fazer feliz.

No Pendular do fim da tarde, a velhota, completamente nua, passou a viagem Porto-Lisboa a abraçar pessoas. Quase três horas tentando se colar aos outros, que — alguns violentamente, outros mais calmamente — a iam repelindo. Ninguém a conseguiu, pelos mais diversos motivos, deter.

Quando chegou a Santa Apolônia, tinha a polícia à espera. Foi coberta com um cobertor e detida em nome da decência.

O larápio que lhe roubara a roupa na saída do Porto continua foragido, diz quem sabe.

(algumas soluções para salvar o mundo)

O mais irritante nos filhos nem é chorarem quando nascem; é nos fazerem chorar quando nascem.

Se você não fosse tão bonito, eu, agora que te peguei no colo pela primeira vez, não choraria assim. Não pensaria em tudo o que, mesmo que você tenha acabado de nascer, já vivemos juntos. Não pensaria no quanto te desejava, desde sempre. No quanto te desejamos desde sempre. Você é o filho mais querido do mundo, fique sabendo desde já. E o mais bonito também, disso não restam quaisquer dúvidas. Todos os filhos são os mais bonitos do mundo, e se termos essa certeza absoluta em cada um de nós não servisse para salvar o mundo então que acabassem com este mundo de uma vez.

O mais irritante nos filhos nem é serem divertidos; é eles saberem que são divertidos.

Se você não fosse tão bonito, eu não estaria agora te abraçando quando você bem sabe o que eu deveria estar fazendo. Olhe para mim com esses olhos, peça perdão por mais uma asneira que fez, desta vez quebrou a cama quando pulou em cima dela ("vamos fazer de conta que é um trampolim") com o seu amigo Edgar, o seu amigo de sempre. E eu te perdoo, como é impossível não perdoar quando você é todo assim, impossível de não ser perdoado. Mas veja se cria juízo e passa a ser bonito e com juízo, hoje você faz seis anos e está na hora de começar a ser um homenzinho. Não cresça no que faz sonhar, por favor, e se crescermos em tudo menos no que faz sonhar não servisse para salvar o mundo então que acabassem com este mundo de uma vez.

O mais irritante nos filhos nem é serem donos da nossa vida; é deixarem de ser donos da nossa vida.

Se você não fosse tão bonito não tinha encontrado uma mulher tão bonita, e você só merecia mesmo esta. A sua Bárbara. Parece que tem o segredo da sua felicidade no interior do olhar. E eu só de saber que a ama assim já a amo tanto. Você já não precisa de mim e eu tenho de aceitar, você tem a sua vida e resta pouco para se ocupar da minha. Eu ficarei por aqui, sabendo que me quer bem e eu te quero bem. Às vezes te ligo e digo que te amo, você às vezes me liga e diz que me ama. Às vezes você aparece e quero que o abraço que dá na chegada dure para sempre, mesmo que saiba que vai mesmo durar para sempre, quando fecho os olhos ainda o sinto, o abraço é aquele que se sente quando se fecha os olhos, nada mais. Você é o melhor filho do mundo, o mais atencioso. Me dá tudo o que pode e me ama como pode. Continue assim, é uma ordem, e se nos amarmos todos como podemos não servisse para salvar o mundo então que acabassem com este mundo de uma vez.

O mais irritante nos filhos nem é serem lindos de morrer; é terem de nos ver morrer.

Se você não fosse tão bonito saber que estou indo embora não iria doer tanto. E me olhar assim, com esses olhos profundos nos meus que aposto que já estão vazios. O fim do caminho se nota pelo olhar, eu sei. Já fui tantas coisas mas o que nunca deixei de ser foi sua mãe. E se me perguntassem o que fui na vida eu teria respondido sem hesitar: mãe do meu filho. Vou descansada, feliz até. Você fica em boas mãos, em boa vida. A Bárbara continua a mulher mais linda de todas, você continua o menino mais lindo de todos, as rugas te ficam bem, meu sacana, que sorte a sua. Agora me deixe ir, eu estou bem, descanse, me deixe ir em paz e veja se trata bem a vida que te resta, e se tratarmos todos bem da vida que nos resta não servisse para salvar o mundo então que acabassem com este mundo de uma vez.

Já enfim perdi tudo, mas basta te olhar dormindo para tudo afinal estar ganho.

Você nasceu para me impedir de morrer. Havia toda a vida à sua frente e eu acreditava que a minha já não fazia sentido. E depois o seu sorriso. O seu "Pedro, e você é perfeita" e o meu "você é louco mas eu tenho todo o gosto em te levar para a cama". E a cama. Ah, a cama. Eu não sabia o que estava fazendo, nunca imaginei que algum dia pudesse fazer algo assim, eu que fui virgem até os vinte e três, eu que nunca beijei até o dia em que, com vinte e um anos, permiti ao Zé da Pastelaria que encostasse levemente os lábios nos meus. E depois fomos. Na sua casa, os seus gatos miando e eu sabendo que a vida não era apenas a procura do que não existia. Havia um príncipe e havia uma princesa. E a seguir havia nós. Mais acima havia nós. E houve tudo o que as grandes histórias de amor têm de ter. O namoro às escondidas no começo, o namoro tímido depois, a mão dada como se fosse uma prova de coragem, o pedido de noivado diante dos pais, o noivado como todos os noivados devem ser, o casamento, a felicidade plena. E só faltou o viver felizes para sempre. Falta sempre o viver felizes para sempre. Até porque a vida não permite para sempre. Há um prazo a cumprir, um dia você ama e no outro morre. E o pior da vida real nem é um dia você poder estar perdidamente apaixonado e ter alguém perdidamente apaixonado por você e no outro dia estar perdidamente morto à frente de alguém ou alguém estar perdidamente morto à sua frente. O pior da vida real é poder um dia estar perdidamente apaixonado e alguém estar perdidamente apaixonado por você e no dia seguinte continuar perdidamente apaixonado mas já não ter alguém perdidamente apaixonado por você. O pior da vida é ser capaz de resistir à morte de um amor. O pior da vida é deixar o corpo respirar quando o que a fazia acontecer já se foi. Você se foi e deixou tudo o que te amo. Não sei onde foi que deixou de me amar. Se foi no dia em que percebeu que eu era apenas uma mulher insegura como todas as outras, se foi no dia em que percebeu que eu tinha celulite e estrias como todas as outras, ou se foi no dia em que simplesmente acordou e olhou para o lado e não se encontrou. Você se foi e eu fiquei. Assim sou capaz de definir o que nos aconteceu: você se foi e eu fiquei. Exatamente no mesmo lugar, exatamente com a mesma vontade de te precisar. Havia tanto para fazer, tantas coisas novas para experimentar, todos me dizem que tenho a vida toda para encontrar; mas prefiro ficar. Prefiro que você venha para me encontrar. Prefiro aguardar que você perceba que uma história como a nossa só pode ter um final feliz. Você virá com o seu "Pedro, e você continua perfeita" e eu irei com o "você é louco mas eu tenho todo o gosto em te levar para a cama". Acontecerão depois os corpos. Cheios de rugas e de defeitos, mas imaculadamente perfeitos. Outra vez prontos para ser explorados. Ficou tudo para trás, já enfim perdi tudo, mas me basta te olhar dormindo ao meu lado para tudo afinal estar ganho.

No dia em que você voltar vai perceber que nunca conseguiu sair daqui.

Até onde chega o que você não suporta?

As grandes diferenças nas pessoas sobrevêm no que acontece em dois planos: em primeiro plano, no tempo que demoram a não suportar mais algo que vão aguentando; em segundo plano, naquilo que fazem quando deixam de suportar aquilo que já não conseguem ir aguentando.

Como sobreviver ao que você não suporta mas não aguenta se deixar de suportar?

Há, no fundo, quatro tipos de pessoas: as que demoram uma eternidade para deixar de suportar o que vão aguentando — mas depois, quando não suportam, explodem de vez, não deixando qualquer possibilidade de reconstrução do que quer que havia antes; as que demoram uma eternidade para deixar de suportar o que vão aguentando — e que depois, quando não suportam, conseguem evitar a explosão total, preferindo uma implosão altamente dolorosa mas ainda assim capaz de permitir uma reconstrução; as que demoram muito pouco tempo para deixar de suportar o que vão aguentando — e que depois, quando não suportam, explodem de vez, não deixando qualquer possibilidade de reconstrução do que quer que havia antes; as que demoram muito pouco tempo para deixar de suportar o que vão aguentando — mas depois, quando não suportam, conseguem evitar a explosão total, preferindo uma implosão altamente dolorosa mas ainda assim capaz de permitir uma reconstrução.

Estou cansado de ir aguentando mas tenho medo de ficar cansado de não ter nada para ir aguentando.

E depois existe você e depois existo eu: não sei que tipo de pessoa você é e não sei que tipo de pessoa sou. Nunca sei quando você vai explodir, quando vai implodir; nunca sei quando vou explodir, quando vou implodir. E me perco. Me perco em mim, no que devo fazer. Se devo gritar ou chorar, tentar ou parar, falar ou calar. Sou um menino em um mundo de adultos, um desgraçado de um burro a olhar para um palácio, quando colidimos. E por que raios colidimos tantas vezes afinal se há tanto que nos une? Nós nos damos tão bem (nos damos mesmo: eu me dou e você se dá) todos os dias — e depois chega uma palavra qualquer, um gesto qualquer, uma desatenção qualquer uma atenção demasiada qualquer, e outra vez uma explosão, outra vez uma implosão, outra vez um labirinto infindável, as suas lágrimas, as minhas ideias de fuga desde já, para agora, porque eu não suporto isso que vou aguentando, mesmo que não saiba (não sei mesmo) de onde veio isso. Seremos pessoas de tipos diferentes, tipos de sangue emocional diferentes, incombináveis? Ou apenas temos limites diferentes, distâncias diferentes entre o que nos impede de continuar e o que nos faz ter ainda mais força para continuar? Onde ficamos quando ficamos sem saber onde estamos?

Hoje nos abandono de vez, e regresso de vez logo a seguir.

Custa tanto ir e custa tanto ter de voltar. Moramos num bairro diariamente devastado por tornados violentíssimos, irrecuperáveis. E depois recuperamos milagrosamente, encontramos tijolos no meio de pedras, fazemos de papelão parede e de árvores telhados — as televisões nos entrevistam: "como conseguiram sobreviver a isto, como conseguiram sobreviver a mais isto?" O Guinness quer nos dar um recorde que nem sequer havia criado: "sabem que nunca nenhuma pessoa tinha conseguido viver tantos milagres até hoje?" A Igreja quer nos santificar: "onde querem as estátuas, o santo padre nos mandou perguntar". E todos os dias nos desalojamos e voltamos a nos realojar. Destruir, construir, destruir, construir: eis os nossos dias, os nossos deliciosos (tão bons, tão bons, o nosso amor, o nosso beijo, as nossas brincadeiras, as nossas parvoíces inimitáveis) e dolorosos (dói tanto, o choro, a sensação de território estupidamente deserto no peito, a separação inexplicável) dias. Ficamos num intervalo de mágoa, um limbo de ressentimento, um corredor de agonia — uma procissão de fé em que ambos sofremos mas da qual demoramos para conseguir sair, mas da qual conseguimos sempre sair. Somos absolutamente incompatíveis e totalmente apaixonados. No final só um vencerá. Espero que sejamos os dois. Sim: que se foda a matemática.

— Ouço a felicidade no seu orgasmo.
— Como se percebe a felicidade de um orgasmo?
— Há que ouvir para além do corpo. Perceber que num orgasmo há sempre um corpo sendo feliz mas só às vezes há a felicidade inteira de uma pessoa.
— Um orgasmo parcial.
— Um orgasmo total, com o corpo todo. E ao mesmo tempo um orgasmo manco, um orgasmo sem depois. O que define a profundidade de um orgasmo não é o prazer que dá durante o orgasmo; o que define a profundidade de um orgasmo é o que resta de um orgasmo.
— O que tem de restar de um orgasmo?
— Nada. Quando o que fica de um orgasmo é um resto é porque não houve orgasmo nenhum. Houve apenas um corpo satisfeito. Um orgasmo exige que o que lhe sucede seja outro orgasmo, e depois outro. É depois do orgasmo que se percebe se chegou a haver algum orgasmo.
— Depois do orgasmo vem o amor?
— Depois do orgasmo vem a sensação de que se continua por dentro do orgasmo. Depois do orgasmo vem o orgasmo pacífico. O orgasmo respirado. Há dois tipos de orgasmo: o que tira a respiração e o que devolve a respiração. Se eu tivesse de definir o amor não conseguiria dizer melhor que isto: capacidade de andar de orgasmo que tira a respiração para orgasmo que devolve a respiração. E basta haver só um tipo de orgasmo para já não haver amor.
— O amor se mede em orgasmos.
— Tudo se mede em orgasmos. Um atleta só é bom se conseguir o orgasmo da vitória, um empresário só é bom se conseguir o orgasmo dos lucros, um artista só é bom se conseguir o orgasmo da criação. Tudo se mede em orgasmos. A humanidade toda é viciada em orgasmos, precisada de orgasmos, demencialmente obcecada por orgasmos. O segredo é conseguir perceber o tamanho que cada orgasmo deve ocupar, a dimensão que cada orgasmo deve ocupar. A felicidade consiste em ter mais do que um orgasmo disponível, ter mais do que uma possibilidade de orgasmo à espreita.
— E quando falha o orgasmo do amor?

— Quando falha o orgasmo do amor todos os outros orgasmos se encolhem. O amor governa tudo o que está sob a sua alçada.

— O que está sob a alçada do amor.

— Nada em concreto. E por isso mesmo tudo em abstrato. Sem perder a respiração pelo que ama e sem voltar a ter a respiração pelo que ama você não consegue retirar de nada do resto um orgasmo que seja.

— Quem não ama é um amputado de orgasmo.

— Quem não ama é um amputado. Não vejo necessidade de escrever mais que isso.

— Então me arraste contigo.

Que nunca te falte a mão que te faz deitar, pois é apenas essa que te fará levantar.

Que você nunca diga não ao afeto, que nunca deixe um ai por gemer, um ui por gritar.

Que nunca abdique de ir ao que dói só porque dói. Porque viver dói e vale tudo.

Porque querer dói e vale tudo.

Porque ser dói e vale tudo.

Que você nunca fique a meio caminho do que quer todo, que nunca seja um pedaço do que é inteiro.

Que percorra com as mãos todas as distâncias, que os seus dedos conheçam todas as estradas.

Que afague com a mão a mão de quem ama, que a sua seja a mão afagada da mão que te quer.

Que nunca te falte a mão que é capaz de chorar, pois é apenas essa que te fará continuar.

Que nunca te falte a mão que te faz deitar, pois é apenas essa que te fará levantar.

(cinco frases que vão mudar a sua vida)

1. E se você for o maior e os outros forem estúpidos?
Pode muito bem acontecer isso — até porque, sejamos claros, não faltam pessoas estúpidas no mundo. O que, desde logo, faz com que não seja muito improvável você ser, pelo menos, menos estúpido que grande parte das criaturas que te rodeiam. Aproveite. Fique feliz. Não se culpe por, aqui e ali, ser um pouco idiota, um pouco imbecil, um pouco limitado. São as limitações, mais que as possibilidades, que te permitem encontrar novas soluções. A criatividade só existe porque existem limitações. Por isso: seja o maior. E que se lixe.

2. Há coisas que só se consegue ver distraído.
É este, provavelmente, o grande motivo para as faltas de atenção: nos permitir entender, e observar, o que não poderíamos entender nem observar se estivéssemos sempre concentrados no que estamos fazendo. Vá com a corrente — mas não se afogue nela. Concentre-se sempre que tiver vontade. Mas se distraia sempre que tiver vontade. Você não nasceu para trabalhar — nasceu para o que bem quiser. Não coloque um FMI emocional para dirigir os seus passos. Governe-se como puder, como souber. Mas acima de tudo como te der na telha. Por isso: distraia-se. E que se lixe.

3. O imprevisto é uma das melhores partes da vida.
Explore-o. O imprevisto existe para te devolver a atenção ao que se passa diante de você. Se só te acontecesse o que você já sabia que iria acontecer nem sequer precisaria estar atento. Você iria no piloto automático, no modo estou--mas-nem-precisava-estar. O modo estou-mas-nem-precisava-estar é o modo mais diabólico em que você pode estar. O modo semivivo, um coma induzido. Prefira o modo estou-e-tenho-sempre-de-estar. Prefira, até, o modo estou-para--não-deixar-de-estar. Prefira todos os modos menos o modo estou-mas-nem--precisava-estar. Esteja. Esteja sempre. Não tenha medo do imprevisto — até

porque você não pode evitá-lo. Explore, até a demência, o que ele tem para te dar. A vida que ele tem para te dar. Noventa por cento das maiores felicidades da sua vida foram imprevistas. E os outros dez por cento ainda não aconteceram e você nem imagina quando vão acontecer. É uma delícia, não é? Por isso: se atire ao que nem imagina o que é. E que se lixe.

4. O prazer achincalha a dor.
É este o segredo. É exatamente este o segredo: fazer do prazer um analgésico. Um constante, e eficaz, analgésico. Vai doer muito em você, vai doer tanto, estar vivo. E depois você tem duas saídas: ou deixa doer e espera que passe; ou deixa doer e te passa. E é aqui, nessa segunda possibilidade, que entra o prazer. O prazer te faz ficar passado da cabeça. E ficar passado da cabeça é humilhar a dor, espezinhá-la, pisá-la sem misericórdia. O prazer é essa luciferina, de tão boa, criatura: a que mostra à dor que afinal há algo mais forte, mais intenso, mais imenso. No fundo: algo mais vivo. O prazer é o mais perfeito sinônimo de vida. Ou então você não vive vida nenhuma. Por isso: orgasme-se todos os dias da vida. E que se lixe.

5. A vida vale pelo que não deixamos que ela nos faça.
Você sabe: a vida é uma cabra. É uma vacarrófia que te coloca obstáculos, que te deixa ferido, que te mói a paciência, que te traz o amor e às vezes o tira de você, que te mostra o sol e que fica meses sem te deixar prová-lo. Resumindo: a vida é uma besta. E para besta: besta e meia. Ou duas bestas. Ou três ou quatro bestas. Para fazer frente à besta da vida você tem de ser uma besta também. E a vida é bestial quando se aprende a ser besta. Se ela quer te magoar, não deixe. Você tem tudo aquilo de que precisa para isso. Você tem é de ser cabra ou cabrão suficiente. Não trema. Ou trema. Mas trema sem ela notar. A vida tem faro para o medo. E é então que chega e ataca. E é no confronto entre o ataque dela e o seu ataque ao ataque dela que se define o que a vida vale, afinal. Se você for capaz de contra-atacar, vai ver que ela recua e fica um amorzinho. Uma fofura. Mas nunca confie que ela está amestrada. Nunca. A vida nunca está amestrada. Não existe nenhuma vida de estimação. Mas não é por isso que a vida deixa de ter um preço inestimável. Por isso: seja besta para ser bestial. E que se lixe.

Amar é coisa de loucos.

E coisa de heróis também. Amar é um ato de coragem. Da mais insana coragem. Quantos Rambos você conhece que são capazes de derrotar um exército e mesmo assim choram como cãezinhos abandonados quando o amor lhes foge por entre os dedos?

Quantas balas vale um amor?

E depois há os homens que o agarram de frente. Coitados e tão felizes. Desgraçados e tão grandes. É tão pouco o que nos eleva que quando algo assim nos surge temos medo de que não seja real. E não é. E desde quando só o que é real tem o direito de existir? E desde quando é o que de fato existe que nos dá existência? E desde quando é preciso a confirmação da ciência para asseverar o que se move em nós?

Só os que acreditam em milagres conseguem fazê-los.

E só os que acreditam no amor conseguem vivê-lo. Os que sabem que podem perdê-lo e nem assim se perdem dele, os que o assumem sem receios e nem assim deixam de tremer. Só o maior dos homens diz "eu amo" com a força de quem disse uma verdade universal, com a sobriedade de quem fala o que muda o mundo. Só quem ama para além do medo diz "eu amo" para que até o medo se assuste com a dimensão do que está diante de si. Te amo com todas as palavras. E só "te amo" consegue ser tantas palavras numa só. Te amo é te quero, te preciso, te desejo; e também te temo, te receio, te rastejo; e ainda te sofro, te abraço, te beijo. Te amo é a palavra perfeita, a palavra que é tantas vezes dita mas poucas vezes com tudo o que vale dentro dela.

Quantas tretas há em cada "te amo"?

E nem todos os homens, nem todas as mulheres, se sentem com força para assumir o risco. Porque assumir um amor é assumir a fragilidade absoluta. Nada é mais diabólico que o amor, nada é mais poderoso que o amor. Quem é amado manda no mundo. Quem é amado define o percurso, a orientação. Quem é amado decide; quem ama só consegue amar. E são tão poucos os amados que sabem o que é amar.

Se você vir que manda em mim continue a mandar; antes seu escravo que seu refém.

E é esta a escolha que quem ama pode fazer: escravo ou refém? Eu prefiro ser escravo, estar a seus pés quando você me quer a seus pés, estar nos seus braços quando você me quer nos seus braços; estar onde você quer que eu esteja me basta para estar onde nunca vou deixar de querer estar. Sou do lugar onde você está porque só amo o lugar onde você mora. E te amo em silêncio para você não saber que estou, para você seguir o seu caminho como se eu não estivesse, para que você seja o que é sem saber que te persigo.

Te amo sem palavras para não estragar o silêncio que me protege.

E não é preciso ser linguista para saber que gramática nenhuma tem categoria para nos incluir.

O corpo é a mais previsível das composições musicais: você toca aqui, desencadeia algo ali; desencadeia algo ali, provoca algo acolá. Cada corpo com a sua melodia: sempre previsível. É isso conhecer alguém: decorar-lhe as notas, as modulações, as entoações certas para cada segundo a dois. O outro lado de já conhecer, de trás para a frente e de frente para trás (literalmente: em ambos os casos), o corpo de alguém é só um: tédio. Você sabe: uma música, ouvida vezes sem conta, não deixa de ser uma música que você ama; mas não é por isso que não deixa de ser, também, uma música que, dia após dia, te custa mais ouvir. Amá-la — amá-la demais (e, cada vez que a ouve, ganha ainda mais consistência nesta certeza: amá-la); mas te custa ouvi-la, te custa continuar a ouvi-la: você está gasto dela. E não quer, em si, gastá-la ainda mais. Então você procura: músicas novas; nem que menos agradáveis: novas. Músicas que você não ama — no máximo: gosta. Mas ouve — e ouve como uma criança descobre um brinquedo: eufórica, entusiástica. A criança que ama um brinquedo — o brinquedo velho pousado em um canto é o que ela, mesmo não parecendo, ama de verdade: o que ama. E é tudo. Os outros, os novos, aqueles com que ela perde o dia e os dias, são meras melodias passageiras. Ela sabe que, quando chegar a hora de escolher (e chega sempre a hora de escolher), vai escolher o velho — o que está encostado há anos num canto sombrio, malcheiroso e pestilento do sótão. Como você: você sabe que, por mais tédio que te cause, é aquele, o único, o amor que você ama. Sabe que, quando chegar a hora de escolher, vai voltar a ele. Só não sabe — não me diga que ainda não tinha pensado nisso — é se ele estará lá a essa hora.

A vida é grande demais para deixar de ser ridícula de tão pequena.

A casa deserta, cheia de mim. Andar às voltas à procura de algo por que andar à procura. E não encontrar senão todos os motivos para não haver motivo algum.

Onde você está?

A sua mãe viva, negra mas viva, na entrada do supermercado. As pessoas e a pena delas, a merda da pena, olhando para ela como se olha para um morto. Estar vivo depois da morte de uma filha é a morte que a vida tem para nos dar.

Onde você está que aqui dói muito?

Escrevo para te escrever. Foi sempre assim, você na sala, no quarto, na rua ou num trabalho qualquer, e eu aqui, fechado neste escritório que mais não é do que o espaço que escolhi para te falar. Tudo o que escrevo lhe é dito. Ainda não encontrei coragem para abrir a persiana, para abrir o sol que espreita, aqui e ali, pelas frinchas da sua ausência. Ainda não encontrei coragem para outra vida que não você. Escrevo para te escrever. E o escritório vazio como sempre esteve vazio é o último refúgio de nós. Aqui, tudo é como era antes de tudo deixar de ser como era. Aqui ainda estamos, eu e você, eu e você nestas palavras que te escrevo sem que você as leia. Aqui eu e você como sempre eu e você: um escrevendo o que o outro não vai ler. Aqui, apenas aqui, ainda escrevo para te manter viva. Aqui, apenas aqui, ainda escrevo para me manter vivo.

Onde você está que eu não aguento isso aqui?

Passam os dias. Eu me passo nos dias. Me passo no telefone que não atendo, na televisão que não ligo, nos amigos que abandonei. Se você se foi, me vou também. Se você não está, não estarei também. Crio personagens, cenários, vivo como se viver continuasse, como se os relógios andassem e as pessoas existissem. Vivo como se viver continuasse. Sei que se você aqui estivesse me diria que continuasse. Me daria uma palmada nas costas, um beijo agressivo (saudade dessa língua, ai, tanta saudade dessa língua, meu amor), e me diria para deixar de ser mariquinhas: vá cuidar da vida, preguiçoso. E eu sorriria, diria que você não tinha razão — e acabaria fazendo exatamente aquilo que você disse. Não por fraqueza, não por me saber incapaz de recusar, não por me saber refém do que te amo. Apenas porque fazer exatamente aquilo que você queria que eu fizesse era fazer exatamente aquilo que eu queria fazer. Vá cuidar da vida, preguiçoso. Todos os dias te ouço no meu ouvido, nos meus olhos, na minha boca, por toda a minha pele. Te ouço em todos os passos que dou. E por vezes tenho medo de caminhar só para que o barulho dos meus passos não abafe o barulho da sua voz.

Onde você está?

Morrer exige duas pessoas. Morrer exige sempre duas pessoas. A que morre e a que aceita essa morte. Você está aqui e é contigo que quero passar os meus dias. Lamento, mas você nunca terá a minha despedida. Terá as minhas palavras, todos os dias como sempre foi todos os dias. Terá os meus olhos fechados nos seus, como sempre os seus fechados fechavam os meus. Lembra que assim que você adormecia eu adormecia também? Como se estivéssemos ligados por um mecanismo biológico qualquer. Você dizia: vou dormir. E eu nem dizia nem deixava de dizer. Simplesmente te olhava, lentamente, a fechar os olhos — e, ao mesmo tempo, fechava, lentamente, tão lentamente como o seu lentamente, os meus. E assim adormecíamos, todos os dias e todas as noites, juntos, verdadeiramente juntos, dormindo o mesmo sono. Nem dormindo deixávamos de estar juntos. Se eu sonhava, sonhava-te. Eu te sentia por dentro de tudo o que vivia. Você era a parte de fora de mim — o corpo que me pertencia como me pertencia a vida. Nem pense que te permito morrer. Morrer exige duas pessoas.

Onde você está que preciso viver outra vez?

Se sabe o que sinto: sabe o que sou.

Para ganhar há que ter a capacidade de pôr tudo a perder. Olhar a merda do medo nos olhos. Esbofeteá-lo por ousar querer te parar os sonhos.

Nenhum medo para um sonho. O cacete é que para.

Fazer a diferença é também isto (ou sobretudo isto): ter a capacidade de, se necessário, pôr tudo a perder. Atirá-lo borda afora. E perceber que afinal aquele tudo era — por ser castrador, por ser inibidor, por ser refreador, por ser o mais ou menos quando você só quer o pacote todo — quase nada. Uma ninharia, se colocado ao lado do que você pode ganhar. E pode. Você pode sempre ganhar. Você só tem sempre tudo a ganhar — mesmo quando todos os caras que só sabem dizer "mas" e te perguntar "por quê" dizem que você só tem tudo a perder.

Qualquer um mata o que faz doer; mas muito poucos matam o que impede de vencer.

E em todas as áreas, em todos os seus passos. Você tem um emprego razoavelmente bom? Mande-o ir dar banho no cão. Está numa relação razoavelmente boa? Mande-a pastar. Quem está no razoavelmente bom está numa merda razoavelmente profunda. E ainda está razoavelmente a tempo de ir à procura do irracionalmente bom, demencialmente bom, estupidamente bom. Por mais que possa ser razoavelmente perigoso. Ai.

O que não te dá tesão só merece a sua compaixão.

O herói é o sujeito que mesmo quando tem tudo tem também tomates para, se necessário, pôr tudo o que tem a perder. Para poder se ganhar. Para poder ir à procura do que pode ganhar. Quem não tem vontade de pôr tudo a perder é alguém que está perdido há muito. Paz à sua alma.

Ser feliz não é ter mais felicidade; ser feliz é ter melhor felicidade.

Olhe em volta. E veja. Veja que há dois tipos de pessoas: as felicitadoras; e as felicizantes. As felicitadoras passam a vida a felicitar. A dizer "parabéns, você conseguiu" ou "quem diria que você chegaria lá?". E as felicizantes passam a vida a criar felicitações. Passam a vida a ouvir "mas olhe que pode não dar" para depois ouvir "parabéns, você conseguiu"; passam a vida a ouvir "está sonhando alto demais" para depois ouvir "quem diria que você chegaria lá?".

As felicitadoras felicitam e as felicizantes são felizes. E cabe a você decidir de que lado está. Um é mais confortável, claro. É tão mais simples dizer que talvez não dê, que provavelmente é melhor ficar quieto, que um passo a mais pode acabar com tudo. E é tão mais difícil dar o passo em frente, é tão mais difícil colocar a coragem no poder e arrancar. Irrazoavelmente arrancar. É tão difícil estar pronto para perder tudo como é tão delicioso saborear ter tudo. Há dois tipos de pessoas no mundo: as que dão palmadas nas costas (para dar os parabéns a quem fez o que elas sonhavam ter feito) e as que levam palmadas no rabo (por ousarem pôr a perder de repente tudo o que construíram até ali).

Eu prefiro as segundas. E você?

O mais importante é acreditar na vida.

Desceu à praia, quase vazia àquela hora da manhã, tomou o café da manhã na esplanada debaixo das palmeiras, a torrada de costume na mesa de costume, olhou pelos minutos de costume (exatamente dois e meio) o mar a perder de vista, limpou, com uma ponta do guardanapo, a boca, e com a outra ponta as duas lágrimas que sempre lhe caíam, pegou a toalha vermelha, colocou-a nas costas e seguiu até a areia, o sol subindo aos poucos ao fundo do céu. Alugou a espreguiçadeira que ela preferia (aquela azul com uma falha no canto do pano e com uma almofada mais alta que todas as outras), abriu o computador. E escreveu.

Nem sequer é a morte. Nem sequer é a ausência do seu corpo nem saber que nunca mais vai haver a sua pele quente na minha. É a ausência da sua voz. O que mais dói é este silêncio. Dizer o que digo e não ouvir o que você diz. O que mais dói é não ter a sua voz para misturar com a minha. Habituei-me a ela, ao tom dela, ao sabor dela. Ainda sou capaz, tanto tempo desde que realmente a ouvi, de conseguir ouvi-la na minha cabeça. Ainda é com ela que ouço o que penso. Te amei tanto que passei a pensar com a sua voz. O que mais dói é o silêncio. O filho da puta do silêncio. Como um sufoco permanente. O amor é precisar de outra voz para podermos nos ouvir. Sempre que ouço alguém falar fico à procura da sua voz. Você me disse para continuar, no dia em que se despediu de mim; me disse para procurar acreditar na vida. E eu acredito. Juro que acredito. Juro que todos os dias venho a esta praia onde nos fizemos as pessoas mais felizes do mundo e procuro ir à procura de outra vez a vida. Outra vez viver. Todos os dias acordo para viver para além de você. Mas é aqui que termino, neste mesmo lugar em que quero viver para sempre, com os ouvidos à procura das suas palavras. Onde está você que não te ouço? Para onde vou se não te encontro?

Estava tão concentrado no que escrevia que nem reparou que ela, de máquina fotográfica na mão, já ali estava, louca como sempre pelo beijo dele. Chamou-o, ele olhou, ela apertou o botão. Depois ela perguntou o que ele estava escrevendo. Ele sorriu, encolheu os ombros e disse simplesmente que estava escrevendo para dar mais valor ao que vivia. Disse ainda que era esta a grande função de escrever: permitir perceber o valor que tudo o que a vida oferece tem. Ela não entendeu mas o beijou como se fosse a primeira vez. Ele retribuiu. E pediu apenas um segundo. Faltava-lhe a frase final do texto. Ela sorriu, acarinhou-lhe o cabelo. Ele foi. E escreveu.

O mais importante é acreditar na vida.

o insuficiente consome. há mundo a mais para uma vida só. e depois é tudo queda.

sou incapaz da saciedade, como se a ferida fizesse parte da cura.
e faz.

Todos os amores são próprios.

Não sei quando começou. Um dia você me disse que antes de mim estava você e o que eu sou desmoronou. E depois pensei que estava tudo trocado. Que quando te amo sei que estou me amando — e que não existe mais do que tudo o que quero em tudo o que te quero, e que não existe mais do que tudo o que sinto em tudo o que te sinto, e que não existe mais do que tudo o que existe em tudo o que você me existe.

Como pode separar o que você me ama do que se ama?

Não posso saber o que separa o que não consigo separar. Em volta me dizem que você me faz mal, que te gostar me faz mal, que tenho de me colocar em primeiro lugar. Dizem mais. Dizem que o grande amor da minha vida tenho de ser eu, e que se não estiver apaixonada por mim nunca estarei em condições de estar apaixonada por alguém. Dizem que te quero demais, que te quero na hierarquia errada, que te coloco num espaço onde antes teria de estar eu. E têm razão.

Mas quando me vejo no espelho é para os seus olhos que olho.

Todos têm toda a razão mas não é de razão que se faz o que a vida nos oferece de melhor. Todos têm toda a razão mas nem sequer sabem que quando te coloco em primeiro lugar é a mim que coloco em primeiro lugar, que quando te ponho acima de mim é a mim que me coloco acima de mim. Porque me amar só existe quando te amo. Tão simples (e ninguém entende isso como eu entendo, como eu sei que entendo como você entende): me amar só existe quando te amo.

Antes dependente de você que ressacada de você.

Não é saudável — mas quem disse que o amor é para ser saudável? Não é recomendável — mas quem disse que o amor é para ser recomendável? Nada é menos recomendável que a vida. E eu vivo. E no fundo tudo se resume a isto: escolher entre a vida possível (a que os outros vivem quando não amam assim) e a vida impossível (a que eu amo quando te amo assim). E eu sempre preferi o impossível. E é por isso que quando me perguntam como se faz para não ser absolutamente eu quando sou absolutamente sua eu digo apenas que só se partilha o que se divide. E não há matemática que nos aparte.

Sou tão sua que quando te abraço me sinto abraçada.

(cinco máximas que todo mundo conhece mas quase ninguém usa)

O vencedor é o antidestino.
O destino é uma bosta se não for esse o destino que você quer. A diferença entre os que ganham e os que perdem está no que fazem perante o destino. Há os que se resignam perante o que o danado lhes traz — esses são os derrotados; e há os que se debatem que nem malucos para contrariá-lo — esses são os outros. Mas desengane-se: muitas vezes os que lutam que nem malucos contra o destino também perdem. Mas não é por isso que passam a ser derrotados. A vitória é uma questão de amor. Só quem ama pode vencer. Os outros, no máximo, têm vitórias. Aprenda.

Viver bem é uma questão de ordenamento.
Os infelizes são os que têm medo do caos. Mas todo o caos é apenas uma inversão da ordem que um dia te venderam como apropriada. Viver bem é, por isso, uma questão de se apropriar do caos; melhor: de se ordenar no interior do caos. A adaptação, sempre a sacana da adaptação, é a chave. Use-a. Adapte-se. Se você pensava que ia para a direita e tem de ir para esquerda: adapte-se. Encontre nessa merda dessa estrada algo que te interesse. Se não houver: invente. Mexa-se. Se pensava que ia estar sol e ia para a praia e afinal está chovendo e não sabe o que fazer: adapte-se. Vá ao cinema, fique em casa vendo um filme, escreva um poema. Mexa-se. É claro que você pode muito bem pensar que isso é tudo uma grande treta e que às vezes não é mesmo possível ordenar o que quer que seja. E tem toda a razão. Mas até a isso, até àquilo que não pode se adaptar, tem de se adaptar. Aprenda.

A grande pessoa aumenta as outras.
Expande-as. Porque não tem medo de quem é grande. O grande adora os grandes. O pequeno com mania de grandeza teme de morte os grandes. Ataca-os; acusa-os de, afinal, não serem grandes nenhuns. O grande fajuto quer ser o único grande do pedaço. E é por isso que não passa de um tampinha. Ser

grande é sobretudo isto: ajudar todos os que estão em volta a serem grandes também. Com inteligência, com caráter, com sonho, com uma dose bem grande de loucura e de sensibilidade. E com um egocentrismo particular: a felicidade dos grandes é também a felicidade de todos os que vê passarem, aos poucos, a ser grandes. Só os grandes crescem. A grande pessoa aumenta o mundo. Aprenda.

A dor é uma ferramenta.
Como a alegria é uma ferramenta. Se existe, se é seu: use. Não há que renegar. Assimile-o. Há coisas que correm mal e que magoam muito. Demais. Insuportavelmente, até. Mas há que integrá-las. Há que usá-las. Por mais que pareça impossível: a dor é parte, também, do que você é. Do que você pode ser. É com ela, também com ela, que você é o que tem de ser — o que só pode ser. A dor tem uma serventia muito particular. Procure-a. Aprenda.

A dúvida é fundamental.
Não tenha dúvidas: hesitar é útil. Tremer também é útil. Não saber o que fazer também é útil. A dúvida te traz de volta a capacidade de olhar. Olhar de fora é com frequência a melhor maneira de entender o que se passa por dentro. A dúvida serve para você se afastar, por momentos, de si mesmo. Para se olhar como se olha um problema. E para, se possível, se resolver. Ainda bem que você tem dúvidas. A existência de dúvidas é uma das mais transparentes provas da existência de humanidade. Não hesite: valorize a dúvida. Alavanque-se nela. Aprenda.

Há os artistas e os apaixonados. E depois há os mortos.

A luz acesa e a escuridão dos seus passos. Quando nos amávamos até os seus passos eram diferentes, você acordava no meio da noite para me ouvir respirar, e acabávamos acordados, sem um passo, caminhando por dentro do que nos olhávamos. Há um momento em que a luz se apaga, os corpos insuficientes para agarrar a força de um abraço. Tudo começa com uma televisão ligada. E depois vem um computador, um jogo, um jantar de amigos. Aos poucos o mundo afasta quem se ama. Houve demasiado mundo a nos separar, e nem o refúgio final de uma cama conseguimos preservar.

Te amo por não ser capaz de te amar mais.

Ocupamos os mesmos espaços para sermos capazes de nos separar, na mesa onde nos olhamos pedindo que alguém nos salve, nas mãos que agarramos à espera de que a paixão aconteça. Tudo começa com uma paixão que não acontece. E chega a maturidade, a besta da maturidade (e a estabilidade: quão besta pode ser a estabilidade?), à procura de apagar os fogos que já se apagaram há muito. Pensa-se que amar é aquilo, a partilha fúnebre, a sujeição silenciosa, a violência de uma repressão assistida.

Te amo o suficiente para deixar de te querer.

Fomos derrotados porque somos pessoas. Percebemos que seremos amantes impossíveis para podermos nos amar para sempre. E o único amor que não morre é o que não se pratica. O hábito faz o fim — não o monge. Os corpos se gastam e nunca vão sozinhos. E se me pedirem para escolher entre desistir e perder eu escolho desistir. É só assim que jamais te perderei.

Te amo para sempre e nunca mais quero te ver.

Deixe que eu te beije (os seus lábios: como esquecer que foram os seus lábios que me ensinaram a viver?) para nunca mais te beijar, que te abrace para nunca mais te abraçar. Deixe que eu te ame. Para para sempre te amar.

Te amo até que a vida nos separe.

(o dicionário dos loucos — volume dois)

Sonher: verbo que indica a ação de fazer aquilo que se sonha fazer. Habitualmente vistos como intangíveis (e inatingíveis) pelas pessoas normais, os sonhos, para os loucos, são absolutamente exequíveis, totalmente concretizáveis. Nesse sentido, fazem tudo o que podem, até que a última força abandone o seu corpo, para os conseguir realizar. Será, muito provavelmente, por culpa de tanto sonhar que os loucos são apelidados de loucos pelas pessoas normais. Mas isso só acontece até o momento em que o louco consegue mesmo — e consegue tantas vezes — alcançar os seus sonhos. A partir daí, as pessoas normais passam, de forma algo eufemística, a chamá-los de gênios.

Orgasmar: verbo que indica a ação de procurar o orgasmo em cada ato efetuado. Habitualmente vistos como apenas ligados ao ato sexual pelas pessoas normais, os orgasmos, para os loucos, são peças fundamentais de todo um quebra-cabeça que pode catapultá-los para a felicidade. Para os loucos, o orgasmo não é apenas o sexual — embora apreciem, e muito (sem tabus bobos nem meias palavras nem medos), esse lado do orgasmo. Nesse sentido, os loucos procuram, em todos os movimentos que executam, em todas as ações que praticam, o maior prazer, sem se preocuparem com a raiz preconceituosa associada a esse ato. Por exemplo: é perfeitamente normal, para um louco, procurar prazer no simples ato de pintar a casa, de dirigir o carro, de tomar o café da manhã, de lavar a louça ou de passar a manhã fazendo um relatório. No fundo: para o louco, qualquer ato, por mais banal e presumivelmente desinteressante que possa parecer, é passível de lhe oferecer prazer: qualquer ato pode contribuir para lhe oferecer mais um orgasmo. É assim perfeitamente usual ver um louco festejar ter conseguido terminar uma ata que escreveu para a reunião de condomínio como se tivesse acabado de ganhar o Prêmio Nobel. E, para ele, até foi exatamente a mesma coisa. Porque, para o louco, não interessa muito, ou quase nada, o valor externo que determinado ato tem; interessa, isso sim, o valor interno que cada ato tem em si.

Caguetar: verbo que indica a ação de cagar na etiqueta, no instituído como correto pela sociedade. Habitualmente vistos como essenciais pelas pessoas normais, os costumes e obrigações sociais são, para os loucos, pensados como outra coisa qualquer: se fazem sentido ele os pratica; se não fazem sentido não os pratica. O louco tem, então, essa estranha mania (tão incompreensível para as pessoas normais) de pensar sobre o que está à sua volta e só depois agir, independentemente de estar, ou não, predeterminado, por coisas tão idiotas como a tradição, que devem ser feitas. É nesse ponto que grande parte do conflito entre os loucos e as pessoas normais acontece: é frequente ver pessoas normais chocadas por verem, por exemplo, um louco cantando no meio da rua ou dançando nu na chuva. Por falar nisso, hoje está chovendo. Eu já volto.

Entre a poesia e a loucura: assim tenho de ser. Como a vida tem de ser.

— É o corpo o último a morrer.
— O corpo é o recipiente. E quando não há nada dentro o recipiente continua a existir, continua lá. O problema dos recipientes é não precisarem de substância para se manterem vivos. Cabrões.
— Sinto que já fomos. Sinto que desistimos do que fomos. Sinto que já morremos há muito.
— E ainda aqui estamos. Ainda temos corpo suficiente para estar aqui, como se nada tivesse acontecido. E a verdade é que nada aconteceu. Visto de fora nada aconteceu. Continuamos na mesma casa, com os mesmos gestos, com os mesmos corpos, com as mesmas palavras.
— O que muda o mundo não se vê, é isso?
— O que nos muda não se vê. E somos nós que mudamos o mundo.
— Para quem vê de fora nenhum mundo muda, nenhuma pessoa muda.
— Se tudo se visse de fora estaria sempre tudo na mesma.
— O pior é que te amo. O pior é que por mais que eu não te queira ainda te amo. Já desisti de te amar e ainda só aguento se te amar.
— É o corpo que dá o exemplo. Enquanto houver um corpo para abraçar não é possível despregar. É o corpo que nos prende à vida. Você precisa da minha pele porque se habituou a ela.
— Você não me ama?
— Loucamente. Mas estamos desistidos. Abdicamos de tentar. Os amores resistem a tudo menos à falta de tentativa. Você tem de se esfalfar todo para conseguir amar. Tem de rastejar e voar com a mesma vontade, com a mesma euforia. Há quanto tempo você não se esfalfa por mim?
— Amar dá trabalho. O mal do corpo é fazer de conta que só pode ser assim. Olhar para o lado e te ver é o que eu sou. E cometemos muitas vezes o erro de não trabalhar para manter o que somos. Não investimos em manter um braço ou uma perna. Investimos no que não temos. O mal das pessoas é investir sempre no que não têm. E depois se perdem os braços que já se tinha porque um dia se quis o voar que nunca se teve. O mal das pessoas é investir no que não têm.

— Você ainda me tem. Ainda é o seu abraço quando me imagino abraçada. Ainda é o seu beijo quando me sinto beijada. Ainda é em você que penso quando quero chorar. Ainda é.

— "Ainda" é a palavra que nos mata. Temos de ser outra vez "já". Já te amo, já te preciso, já te quero, já te desejo. Já te abraço, já te beijo, já te tudo. Temos de colocar outra vez "já" no topo da hierarquia. Temos de viver em modo "já" e nunca em modo "ainda". Quem ainda ama já não ama nada. Ou você me ama já ou ainda não me merece.

— As minhas mãos têm o tamanho da sua pele.

— Só sinto a pele quando sinto nela as suas mãos.

— Pensei que tinha te perdido mas estava perdido.

— Estou aqui. Siga a minha língua e nem precisa de mapa.

— Aqui.

— Agora.

— Sempre.

— É o corpo a salvação possível.

— Sim.

O que sinto por você é importante demais para ser partilhado contigo.

Talvez seja porque só o desequilíbrio me interessa, a sensação de que há um abismo para subir, ou apenas porque se não me fizer tremer nem sequer me faz mexer.

Mas a verdade é que o que sinto por você é importante demais para ser partilhado contigo.

Há um sabor especial na minha solidão, uma espécie de amargor a eu que não quero perder; é claro que existe a delícia do seu beijo, até a profundidade do seu toque, mas depois me sinto sozinha de mim e o que sobra é o prazer.

Não quero que você pense que não te quero como louca, muito menos que não daria tudo o que tenho para ser sua outra vez, mas com toda a sinceridade nem tudo o que quero vale tudo o que sou.

Você é grande demais para cabermos os dois em mim.

Aprendi, com o tempo, a odiar o que não posso ter. Te desprezo então na exata proporção do que te amo, e se houvesse a necessidade de escolher alguém além de mim para amar seria você. Você é o que eu gostaria de ser se não tivesse de ser eu. Soubesse eu que não teria de viver comigo até a morte e ia agora mesmo para os seus braços

(você ainda me aperta como se o mundo estivesse acabando na minha pele?),

dizia que te amo até os ossos, te abria os braços, as pernas também, e te deixava entrar como se nunca de mim tivesse saído. Mas há uma mulher em mim que sou eu, é para ela que quando me olho tenho de olhar, e por mais que me custe você lhe faz mal

(ainda vai embora quando te dói?),

e nenhuma vida, nem a sua, consegue acabar com a minha e mesmo assim me manter viva. Tivesse eu duas vidas e pode ter certeza de que te dedicaria uma.

Te escrevo para te pedir perdão e para ao mesmo tempo te magoar. Nada me interessa menos que te ferir, mas se quero resistir tenho de te odiar. Encontrei hoje uma carta que você um dia me enviou, falava na impossibilidade do mais ou menos para justificar a sua ausência, acrescentava ainda que, se não podia me dar em absoluto o que você era, mais valia nem um bocado de si, e agora que a li encontrei a razão para nunca mais nós outra vez, percebi que nunca poderei te dar senão o que resta de mim, e aquilo que somos jamais aceitaria uma parte

(que parte você queria se tivesse de escolher?)

do todo que só sabemos ser. O mais irônico no amor é que por maior que seja basta lhe cortar um pequeno pedaço para desaparecer. Te odeio tanto e nem por isso consigo te chamar de algo que não seja amor.

Prometo solenemente que te amarei por cima do meu cadáver, amor. Até lá, desculpe, tenho de viver.

(ensaio sobre os podia-seres)

Ponto prévio: os Podia-seres me dão nojo. Os Podia-seres me irritam. Os Podia-seres me tiram do sério.

Os Podia-seres são aqueles seres que passam a vida dizendo que podia ser — mas nunca é. Porque, afinal (e é isso o que mais me irrita nos Podia-seres), não podia ser. Nunca pode ser.

Mas os Podia-seres não fazem por mal. Os Podia-seres são apenas maus. E é assim que sobrevivem. Os Podia-seres se alimentam daquilo que eles acreditam — e acreditam mesmo, conseguem acreditar mesmo — que até podia mesmo ser. Mas depois percebem — por uma questão de preservação do seu universo de possibilidades (por autossobrevivência, na verdade) — que não há maneira de poder ser. É só assim que, para eles, continuar vivo pode ser.

Para os Podia-seres a vida é uma sucessão de oportunidades, sim — mas uma sucessão de oportunidades perdidas. Ora não pode ser porque ainda não jantaram, ora não pode ser porque já jantaram, ou porque o periquito faz anos, ou porque fica longe demais, ou perto demais, ou porque têm de urinar ou porque não conseguem urinar, ou porque é fácil demais ou longe demais, ou porque é simplesmente demais ou porque é simplesmente de menos. Os Podia-seres até podiam ser felizes — mas não pode ser.

Ser feliz exige trabalho, alguma dose de loucura e a capacidade de, por vezes, sujar as mãos para lavar a alma. E é isso — é tudo isso (ter trabalho, alguma dose de loucura e a capacidade de sujar as mãos) — aquilo que os Podia-seres não têm. Mas eu lhes digo o que não pode ser.

Não pode ser amar Podia-seres. Os Podia-seres, como amantes, não amam nada. Porque têm medo de arriscar, porque têm medo de tentar, porque têm medo de dar um passo maior que a perna, porque têm medo, mesmo, de ter uma perna mais pequena que o passo. A vida sexual dos Podia-seres é como ter todos os números de telefone sem ter telefone: sabe-se que seria possível chegar ao outro lado mas faltam instrumentos. Os Podia-seres, como amantes, não são uma desilusão — mas apenas porque, de tão insípidos, nem sequer chegam a criar um bocadinho de ilusão.

Não pode ser ter Podia-seres como amigos. Os Podia-seres, como amigos, são presenças mitológicas, uma espécie de lenda por se consubstanciar. Diz-se que, um dia, foram capazes de ajudar alguém, ou até de se divertir com alguém, ou até mesmo de estar presentes quando alguém lhes pediu que estivessem presentes. Mas nunca ninguém conseguiu, verdadeiramente, provar.

Não pode ser ter Podia-seres como governantes, como líderes, como decisores. Os Podia-seres, como decisores, tomam as melhores não decisões do mundo, têm os melhores não tomates do mundo. Conseguem imaginar tudo o que podia ser, colocam mil e um pontos no seu programa de atuação — mas nunca os executam. É bom que se decida não oferecer qualquer decisão aos Podia-seres. É essa a única decisão que deve ser.

Os Podia-seres são, em resumo, não seres. Melhor ainda: não mexeres, não existires, não sentires. A segurança é o bem mais valioso dos Podia-seres. Por ela abdicam de tudo, fogem de tudo, temem tudo.

Sonho com o dia em que todos os Podia-seres sejam exterminados, banidos da face (e não só) da Terra. O povo se reuniria anualmente para a Queima dos Podia-seres, na qual seriam todos colocados num palco envidraçado, uma espécie de aquário, um Oceanário de Possibilidades, e onde todos eles seriam colocados perante mil e um desafios. Depois, seria um final de tarde bem passado, um sunset maravilhoso, vê-los dizer que ah e tal, vamos fazer assim, ah e tal, vamos fazer assado, e no final, sem erro, todos ficariam exatamente como estavam no começo, sem mexer uma palha e sem um único desafio ultrapassado. Seriam, de fato, lusco-fuscos e serões bem passados. Mas as Organizações de Defesa de Direitos Humanos dizem que não pode ser. Chatas.

"Eu gostaria de te amar como da primeira vez, saber o seu toque como sei de Deus, sentir que os seus lábios me contavam a vida."

Na vastidão a perder de vista de uma cama, há dois corpos encolhidos à procura de dono.

"Nos encontramos aqui como dois clientes de um café se encontram: cada um ao lado do outro e cada um a milhas do outro."

Deitaram-se com palavras por dizer e ambos sabiam que o final era já ali.

"No começo havia o espaço entre nós cheio de palavras: você contava o que sentia, o que fazia; eu contava o que sentia, o que fazia. E depois chegava o amor com a naturalidade com que agora chega o sono. Em que ponto de nós o amor foi substituído por sono?"

O final exige silêncio, nada a dizer quando há nada a sentir.

"O pior do amor é a recordação do amor: saber que já foi tão grande, saber que já foi tão intenso, saber que já abalou todos os alicerces e que agora nem um simples sexo é capaz de levantar. O pior do amor é o momento em que ele, não acabando, está acabado."

Ela o abraça, tenta a tentativa absurda de continuar tudo como antes.

"Antigamente o abraço bastava. Antigamente eu apertava o seu abraço e todo o resto ficava espremido, perdido na asfixia proibida do que nos unia. Antigamente éramos do tamanho do nosso abraço."

Ele se deixa abraçar, simula o seu próprio abraço. E se deixa adormecer pela derrota.

"Eu queria que houvesse outra vez a sensação incorruptível de te precisar em mim. Queria outra vez o meu corpo todo rendido à espera do seu. Queria que fosse possível você outra vez como se pela primeira vez, queria te conhecer inteira sem deixar de te descobrir inteira a cada vez de você. Queria me sentir vivo para te sentir viver."

Ela desiste. Sente que é a única a tentar e se deixa resignar. Vira-se para o outro lado e se dedica a chorar. Vira-se para o outro lado e se dedica a recordar.

"Cuidar de um amor é nunca deixá-lo adormecer, jamais permitir que o sacana se sinta confortável. Um amor confortável se deixa ir, se deixa estar, se deixa arrastar. Um amor confortável só quer se manter, ali, no seu espaço de conforto, no seu território de infalibilidade. Mas só o falível está vivo. Quando foi que preferimos estar seguros e nos esquecemos de que tínhamos tudo a perder?"

E os olhos se fecham, lado a lado. Ele sonha com a mulher que nunca vai ter; ela sonha com o homem que já teve. E é assim que, sem saber, se têm pela última vez.

"Te amo mas preciso acordar" — foi o que ele, pela manhã, cheio de coragem, teve a coragem de dizer.

"Te amo mas já deixei de acreditar" — foi o que ela, resignada, foi capaz de responder.

Assim foi. Se viram mais algumas vezes até que nunca mais se viram. Morreram no mesmo dia, um intervalo de poucos minutos a separá-los. Diz quem os viu morrer que a última palavra que disseram foi o nome um do outro.

Um mero boato, talvez.

(você já fez o que tem vontade?)

Hoje esqueça o dinheiro, esqueça as contas a pagar, esqueça as desgraças que entram por sua casa adentro. Hoje saia pela casa afora, saia de si para fora. Beije quem tiver de beijar. Mas beije mesmo. Beije de língua, beije com o corpo todo, beije contigo todo, beije como se o único limite fosse o do que você sente. E o que é a felicidade senão fazer do que sentimos o único limite?

Hoje esqueça o pudor, esqueça as falinhas mansas, esqueça o politicamente correto. Hoje seja obscenamente incorreto, pornograficamente imperfeito. Apalpe, experimente, brinque, corra, faça o que bem quiser porque se bem quer é porque te faz bem querer. E o que é viver senão fazer, pelo menos às vezes, aquilo que bem queremos?

Hoje esqueça o que podia ser, o que já não é, o que nunca foi capaz de fazer. Hoje você é exatamente aquilo que queria ser, exatamente aquilo que é, exatamente aquilo que sempre foi capaz de ser. Aproveite como um louco o que tem para aproveitar — e tem tanto para aproveitar. Uma pele, um sorriso, um cheiro, um toque, um prazer simples. E o que é a vida senão aproveitar cada prazer simples que ela tem para nos dar?

Hoje esqueça o que dói, o que mói, o que te espreme por dentro. Hoje mude o mundo de uma vez por todas. Ajude um velhote a atravessar a rua, vá doar sangue, faça voluntariado, carregue as sacolas de compras de quem precisa, jogue no parque com um menino solitário, faça uma manifestação onde uma manifestação é necessária, faça uma festa sem motivo nenhum porque esse já é motivo mais que suficiente para fazer uma festa. E o que é persistir senão fazer de motivo algum motivo suficiente para festejar?

Hoje esqueça as retas, a rotina, a vida pequenina. Hoje vá pelas curvas, vá pela adrenalina, vá por si e por quem te apanhar. Escolha o caminho difícil, entre pela janela e não ligue para a porta, escreva um poema e declame-o em voz alta, declame-o aos berros no meio da rua: não se vive sem pão nem sem poesia. E o que é um poema senão a melhor maneira de encher uma mesa?

Hoje esqueça. Esqueça sem medo. E lembre-se sempre disso.

"Amar todos os dias chateia."
(ele)
"Temos de inventar outra coisa qualquer. Um amor alternativo."
(ela)
"Ou um supra-amor. Um amor que ridicularize os outros amores. Um amor que ensine algo mais aos outros amores."
(ele)
"Um meta-amor. Um amor que seja a reflexão de si mesmo. Um amor que se olhe e se sinta pequeno. E que depois, por isso, se faça algo maior. Algo diferente."
(ela)
"Vidor. A vida toda por dentro do amor. Vidor. O que te parece?"
(ele)
"Gosto do conceito. Mas não gosto da palavra. Que tal morte?"
(ela)
"Morte já existe."
(ele)
"Mas nenhuma como a nossa. Os outros amam e depois morrem. Nós estamos mortos e depois morremos. Tudo o que fazemos é o que a morte é: imortalidade, sensação de paz absoluta. Estamos mortos e é isso o que a vida, no fundo, tem para nos dar: a morte possível. A morte que nós sentimos. A morte que nos permite senti-la. A morte consciente. Estamos em paz e ainda assim em polvorosa. Não nos amamos; nos morremos."
(ela)
"É isso o que o seu abraço me dá. Caio nele e morro. Tudo desaparece. Tudo se desfaz em inutilidade. A única utilidade da vida é me dar os seus braços. Caio em você e morro. E é assim, só assim, que me sinto vivo."
(ele)
"É esse sentimento — que não é apenas amor — que não cansa, que não mói, que não desgasta. O amor consome; a morte some: nos faz sumir, emigrar. E no entanto o que estamos fazendo é ir para dentro de nós, num território

mais fundo que o amor. O amor precisa de vida exterior, precisa de contexto, precisa de palavras e de gestos. A morte, a nossa, só precisa de mim e de você. E nem precisa se mexer nem falar. Você só tem de estar e a minha morte acontece. Tudo em mim fica ligado e tudo em mim se desliga do resto. Não te amo; te morro."

(ela)

"Eu te morte: eis a maior declaração de amor que algum dia alguém pode fazer."

(ele)

"Eu também te morte. E todas as palavras, mesmo as mais horríveis, valem o que colocamos nelas. Quem disse que a morte era uma palavra feia? Ouço morte e sorrio. Há algo maior e mais belo que isso?"

(ela)

"Agora vem. Preciso de um pouco de amor agora. Só um bocadinho. Vem."

(ele)

"Amar todos os dias chateia. Mas não amar todos os dias mata."

(eles)

É — sobretudo — por causa dos que vivem na lua que vale a pena viver na Terra.

(carta de um adolescente ao mundo)

Quando você ler estas palavras provavelmente já terá me aparecido mais uma espinha na cara, já terei chorado mais umas quantas vezes porque sou provavelmente a pessoa mais feia do mundo e porque, na verdade, a mulher que eu amo nunca será minha. A vida é uma merda quando se é como eu, um quase-criança-quase-adulto, um quase-humilhado-quase-respeitado por todo mundo. Sou um morador de uma terra de ninguém, uma pessoa sem encaixe possível no que me rodeia.

Sou um extraterrestre de mim mesmo, é isso o que sou.

Nada do que faço é bem feito. Se quero jogar PlayStation sou infantil, se quero sair à noite tenho mania de ser grande. Estou preso num lugar em que nenhuma decisão depende de mim, em que tudo me passa por cima, pelo lado, por baixo. Tudo se passa apesar de mim. E tudo o que passa por mim me dói. Sou um monte de dúvidas, um monte de insuficiências, um monte de sonhos e um monte ainda maior de pesadelos. Sou um não ser.

Sou o que nunca fui e o que nunca voltarei a ser, é isso o que sou.

E depois acontece o futuro. É isso o que me acontece todos os dias: o futuro. Não faço ideia do que me acontecerá mas não quero ser mais um. Não quero a rotina triste do meu pai, a rotina triste da minha mãe. Quero o imponderável, quero a surpresa, quero a euforia. Quero amar, quero dançar, quero viajar, quero imaginar e depois quero realizar tudo o que imagino. Quero pelo menos mudar o mundo como os poetas mudam. Quero pelo menos fazer o que me apetece, quando me apetece. Quero estar contra a sociedade, contra o que é imposto, contra os professores, contra os que não sabem nada e me acusam de nada saber. Quero a rebelião, a revolta. Lutar contra o que só pode ser.

Sou o que sei que talvez nunca poderei ser, é isso o que sou.

Todos me criticam porque ninguém sabe onde estou. Na minha idade a solidão acontece. Porque os que não têm a minha idade estão pouco ligando para os que estão na minha idade, nos chamam de palermas, inconsequentes, criaturas incapazes, paradigmas de uma sociedade falida; e porque os que têm a minha idade estão demasiado perdidos nas suas próprias dúvidas, demasiado fechados em si mesmos, para poderem olhar em volta e perceber que há outros assim, outros ali, ao lado, no mesmo lugar, com as mesmas dúvidas, as mesmas inquietações. Ninguém olha para mim.

Sou o que percebe que ninguém o olha porque está sempre a se olhar, é isso o que sou.

Sei que penso demais. Sei que questiono demais. Sei que não devia me magoar não saber quem sou, por que sou, por quem sou — até de quem sou. Mas magoa. Não deixa de magoar. Sei que não devia me magoar ouvir uma simples música, ler um simples texto, receber um simples e-mail. Mas magoa. Às vezes magoa. Às vezes tudo magoa.

Sou uma criatura às vezes toda magoada, é isso o que sou.

À minha frente só um muro. À minha volta só um muro. Uma rua fechada. Uma asfixia constante. Uma sensação de pescoço apertado, um medo silencioso, uma agonia opressora. Ou tudo ou nada. E um pessimismo confortável. Eu me sento para sofrer, me fecho para sofrer. Há tanto para sofrer. O corpo em obras, as noites de estudo, os colegas cruéis, o amor por corresponder, o desejo nunca saciado, a incompreensão dos pais. Há tanto para sofrer e tão pouco para rir. É claro que rio muito, que brinco muito, que passo a vida contando piadas aos meus amigos. É claro que vou aguentando. Mas por dentro pouco se mexe. O otimismo dá muito trabalho e me parece oco. Nada é mais grave que crescer. E eu não paro de crescer. Quero o que só os adultos têm e não deixo de querer o que só as crianças têm. Quero tudo o que ainda não tenho e tudo o que já não tenho.

Sou sobretudo o que já não tenho, é isso o que sou.

Quando você ler estas palavras provavelmente já terá me aparecido mais uma espinha na cara, já terei chorado mais umas quantas vezes porque sou provavelmente a pessoa mais feia da escola e de todo o mundo e porque, na verdade, a mulher que eu amo nunca será minha. E você: quantas lições aprendeu entretanto?

(ensaio sobre o pseudo)

Depois da praga da gente que diz e escreve "houveram" como se não houvesse amanhã (e para essa gente a possibilidade de não haver mesmo amanhã não é desprezível), a que mais tem assolado a face da humanidade é a da chegada, em massa, de uma nova estirpe social: o pseudo. Mas quem é, afinal, essa criatura? Vamos — Deus nos livre — a ela.

O pseudo é o grosseirão dos intelectuais: o tapado dos eruditos. Para o pseudo, o importante não é saber — é mostrar que sabe. O que é, na verdade, a prova de que afinal sabe muito pouco. Ou nada, vá.

O pseudo pode até (embora esses casos sejam, na realidade, muito raros) ler muito, estudar muito, saber muito — e nem assim deixa de ser o maior dos ignorantes. O soberano dos obtusos. O imperador dos toscos. Porque ler, estudar e saber não são simples processos intelectuais; são, sobretudo, processos emocionais.

O pseudo é um analfabeto emocional, um mentecapto relacional: um amputado empático. O pseudo é um iluminado às escuras, o cara que pensa que vai dar à luz um rei — e quando dá por ela tinha apenas acabado de defecar. Sim: o pseudo é uma bosta.

Apesar de ser um excremento, o pseudo permite, no entanto, algumas observações assaz interessantes. Por exemplo: nenhum pseudo gosta do que é bem-sucedido. Se tem sucesso: é mau. Para esses reles indivíduos, só o que é alternativo é bom. Só o que não é conhecido merece ser conhecido. O mais curioso, no entanto, é que quando isso que eles tanto apreciavam passa (como eles tanto defendiam) a ser conhecido deixa imediatamente de ser bom. Mais irônico ainda é observar os casos, muito raros, em que o próprio pseudo tem sucesso. É então que, estranhamente, o pseudo deixa de ser pseudo e fica feliz, como qualquer pessoa, pelo sucesso que obteve. Seria, assim, extremamente útil para a saúde da humanidade que os pseudos tivessem todos sucesso — mas já se sabe que um pseudo nunca terá muito sucesso, pelo simples fato de ser (adivinharam) um pseudo.

Uma das características mais repugnantes do pseudo é, sem dúvida, a sua incapacidade de produzir algo de relevante — a não ser ódio. O pseudo vive para o ódio, nasce para a crítica. Para o pseudo é tudo mau. Pior: é tudo horrível. Experimentem visitar algumas das páginas de Facebook dos muitos pseudos que andam por aí e confirmem: é tudo indecente, é tudo terrível, é tudo burro, é tudo um engodo, ninguém sabe nada, ninguém pensa nada, ninguém vê nada, o país é uma desgraça, o mundo está acabando, as cuecas cheiram mal, o iogurte está estragado, está ventando na praia, está calor no campo, a água está fria demais ou quente demais, não há civismo, é tudo um bando de gatunos, ninguém ajuda ninguém. Ufa. Acabo de perceber que ser pseudo é, no final das contas, altamente desgastante. Deixem-me mudar de parágrafo para respirar um pouquinho.

Toda essa raiva do pseudo, bem vistas as coisas, até é fofinha. O ódio tem um lado útil: permite perceber a paspalhice que lhe está subjacente. A debilidade absurda de que é composto. É esse, no fundo, o papel fundamental do pseudo: permitir a todos os outros perceberem de que lado devem estar. Eu adoro, sempre que me sinto menos boa pessoa, passar os olhos por uma opinião escrita por um pseudo, ou ouvir durante alguns segundos (mais de um minuto já não aguento) um pseudo falando. Fico logo de coração aberto, pronto para saborear convenientemente a vida. Devia ser obrigatório todo mundo ter o seu pseudo de estimação, bem fechadinho numa casinha, para sempre que necessário ir lá vê-lo e ouvi-lo rosnar, furibundo. Fica a ideia. Adotem um pseudo. E sejam felizes.

O meu sonho é voltar a sonhar.
Só isso. Acreditar que há algo para sonhar. Um motivo, um só, para sonhar. Um álibi: basta um álibi. Uma possibilidade, por mais exígua que seja. Acreditar é morar no espaço exíguo de uma possibilidade. Acreditar é, em si mesmo, uma forma de sonho. Só quem acredita no sonho é capaz de sonhar. A velhice não é a presença de muitos anos de vida; é a ausência de muitos sonhos de vida.

O que custa mais no final de um amor é o final do sonho que esse amor representava.

Já fui criança mas depois sofri: é assim que se define a existência do amor e o seu final na vida de alguém. Há tantos amores que morreram por falta de sonho, provavelmente todos.

Deixamos de tentar quando deixamos de sonhar.

Onde ficou a possibilidade de uma pequena ficção no meio da nossa verdade? A verdade é banha da cobra, uma fraude sem paralelo. A verdade está valorizada demais. A verdade que se dane. Não há verdade que mereça estar à frente da possibilidade de uma ficção a dois.

Quando se partilha uma ficção cria-se uma microverdade e é de microverdades que a felicidade é feita.

É isto, nada mais que isto, uma relação profunda: a possibilidade de todos os constituintes dessa relação encontrarem numa microverdade o mundo todo. E eu encontrei. Fui até o fim com eu inteira nos braços. Carreguei-me inteira até você. E pesava toneladas vezes sem conta. Mas aguentei. Fui aguentando. Levei o que podia levar, suportei o que podia suportar, tentei o que podia tentar. Fui à procura do sonho onde nem a realidade ousava entrar: onde nem a realidade conseguia entrar.

Desistir de um amor é deixar que a realidade aconteça antes do sonho.

Aos poucos você foi caindo ao chão. Vencido. Dobrado. Pisado e pesado.

Os pés incapazes de voar. Os pés até incapazes de andar. Fomos nos arrastando pelo interior do tédio. O tédio é um peso insuportável nos pés, uma inibição total de voar. Aqui e ali tentava a loucura.

É por vezes uma loucura que salva um sonho — e uma realidade.

Mas você ficava. Sempre ficou. Quando se ama a solução nunca é ficar. Quando se ama a solução é o movimento. Ir daqui para ali. E dali para acolá. Até ser mais respirável. Até ser mais ativo, mais dinâmico, mais tangível: mais vivo. Só um amor em movimento se mantém vivo. No amor como na vida: parar é morrer. E fomos morrendo assim. Você parado e eu em movimento tentando te movimentar.

Quase sempre tem de ser um só a movimentar o amor de dois.

Mas não para sempre. Lentamente fui desistindo com a sua desistência. Lentamente fui baixando o alcance dos sonhos. E o que era voo passou a ser corrida. E depois o que era corrida passou a ser passos. E finalmente o que era passos passou a ser paralisia. A mais absoluta, e dolorosa, paralisia. Você parado no meio das suas dúvidas. Você parado no meio das suas certezas palpáveis. Como se o que interessa na vida fosse palpável. Que idiotice.

Perder um sonho é perder a capacidade de se mover.

Uma pessoa sem sonhos é uma pessoa parada, constantemente a caminho de lugar nenhum. De todas as doenças a falta de rumo é a que mata mais. É assim que estou, perdida por mais que ande, perdida por mais que corra, perdida por mais que voe. Um dia hei de voltar a encontrar uma ponta de ficção na realidade que vivo. É esse, só esse, o meu sonho.

O meu sonho é voltar a sonhar.

"Na minha moto sou o dono do mundo."
Zé Faria, entregador de pizzas, trinta e oito anos ("mas ninguém me dá mais de trinta e sete"), um metro e setenta e três de altura, sessenta e quatro quilos de peso, casado em comunhão de bens, um ser humano de mão cheia, a quem os amigos, carinhosamente, chamam "o fanfarrão".

"Conheço o Porto como a palma da mão, meu chapa."
E não há GPS nem modernices desse gênero, Zé Faria chama a cidade de você e o perigo é um companheiro fiel de viagem, único motivo para se sentir, todos os dias, quando acorda, orgulhoso de tudo o que é.

"A minha filosofia é simples: se tenho de chegar lá às tantas horas então vou chegar lá mais cedo cinco minutos do que às tantas horas."
A sabedoria de Zé Faria bem que podia dar origem a um tratado filosófico altamente complexo, segundo o qual se poderia advogar a ideia de que o fundamental, na vida, é chegar mais cedo cinco minutos a tudo o que nos acontece. Efetivamente, quase tudo o que faz doer poderia ser evitado se lá (a esse acontecimento) pudéssemos chegar com cinco minutos de avanço.

"Esta merda dói, caralho."
Seria mais ou menos com essas palavras, também elas com indiscutível sabedoria, que Zé Faria explicaria o que acabou de lhe acontecer, não fosse o caso de não poder, neste momento, falar. Está estendido no chão de uma estrada, à sua volta está a sua moto com alguns danos bem visíveis, aquilo que parece ser algum sangue, e muitas pessoas com a necessidade de ver sofrer para evitar sofrer por alguns minutos. A história se conta em poucas palavras: alguém freou antes do tempo, não cinco minutos mas provavelmente cinco segundos, e apanhou Zé Faria com cinco segundos de atraso. Se essa não é a prova de que tudo na vida é mensurável então a estupidez não tem mesmo medida.

"Lamento, não resistiu."

As palavras são do médico, Albertina da Cruz, digníssima esposa d'o fanfarrão, não quer acreditar no que acabou de ouvir, alguns homens ainda jovens e outros mais velhos abanam a cabeça e olham para o chão, há uma tempestade negra sobre o hospital, sobre a cidade que, de repente, se vê amputada daquele que era, com certeza, um dos seus melhores entregadores de pizza, o que será de todos aqueles que confiavam na competência voraz de Zé Faria para saciarem desejos a todas as horas do dia e da noite?

"E quando estava nevando e só ele, ninguém sabe como, conseguiu fazer uma entrega do outro lado da cidade?"
O gerente da pizzaria é um dos homens mais tristes do mundo, oferece os pêsames à viúva acabada de ser, conta histórias rápidas e dolorosas sobre as múltiplas diabruras — e ainda mais múltiplos talentos — do recém-defunto, e parece que ninguém, num raio de trinta ou quarenta metros quadrados, consegue fazer algo que não inclua lágrimas e dor.

"Ele ainda está vivo, ele vai ficar para sempre vivo."
Um dos amigos tenta dizer o que sempre se diz nessas alturas, que a morte só mata o corpo, que a memória de um homem nunca morre, blá-blá-blá, e o que não sabe é que de fato tem mesmo razão, pelo menos na primeira parte da frase tem mesmo razão, Zé Faria ainda está vivo, e só não se recomenda porque, parecendo que não, estar às portas da morte ainda afeta um pouco a vida de uma pessoa, mesmo a de alguém tão poderoso como o fanfarrão.

"Desistiu com cinco minutos de avanço."
Diria ele, algumas semanas mais tarde, ao médico, e toda uma nova filosofia de vida se poderia criar desde ali. Efetivamente, quase tudo o que faz morrer poderia ser evitado se lá (ao momento da morte) pudéssemos chegar com cinco minutos de atraso.

"Estar vivo consiste em não morrer, meu chapa."
Zé Faria e toda a sabedoria que todo mundo, sobretudo os grandes gurus da filosofia, deveria assimilar.

"Estar vivo consiste em não morrer, meu chapa."
É isso mesmo, Zé. É isso mesmo. E até agora todos os que leem isto estão se saindo muito bem. Parabéns para nós.

(estúpida mente)

Na mente de um estúpido moram diversas criaturas. É tempo de as conhecermos de forma sucinta. Bem-vindo à estreia de Estupida(mente).

O Ressabianço: o Ressabianço é o invejoso do cérebro. Tudo o que vê é mau, tudo o que é feito é malfeito. A sua máxima é simples: se não fui eu que fiz então é uma merda. É essa a personagem que faz com que o estúpido, por exemplo, faça comentários de ódio em sites e blogues. É também essa a personagem que provoca infelicidade, úlceras e ataques cardíacos no estúpido, que não suporta perceber que existe gente que usa os dedos para criar coisas — e não apenas para apontar os que criam coisas.

É um gordo feioso que vive sozinho num porão íngreme do cérebro, sempre estocando chocolates e espremendo espinhas, com vista para a Rua da Felicidade, mas de bem longe.

A Vaidade: a Vaidade é a mete-nojo do cérebro. Passa o tempo todo a mostrar que sabe mais, que tem mais, que pode mais, que consegue mais. A Vaidade é a personagem que faz com que o estúpido, por exemplo, passe o dia no shopping vendo camisetas regata ou minissaias de oncinha — e fique deprimido quando, sem querer, alguém lhe diz que não é a pessoa mais bela e inteligente da região.

É uma magricela coberta de maquiagem por todos os lados e vive na superfície do cérebro, com vista para a Praia da Profundidade, mas de bem longe.

A Ganância: a Ganância é a chanceler do cérebro. Manda no que pode e no que não pode, procura conquistar tudo e faz tudo, mesmo tudo, para consegui-lo. Não tem caráter e se tiver de vender a mãe vende. Na verdade, vendeu-a assim que ficou maior de idade para pagar uma dívida antiga. A Ganância é a personagem que faz com que o estúpido, por exemplo, minta para conseguir votos, compre coisas aos desgraçados só para lhes cobrar obscenas taxas de juros ou assine um trabalho que não é seu para ser promovido.

É uma sapatão com pelos nos sovacos, voz máscula e sotaque germânico, que vive no Palácio do Fascismo, com vista para o Castelo da Ética, mas de bem longe.

A Casmurrice: a Casmurrice é a chata do cérebro. Tem a puta da mania de ter razão em tudo, de saber tudo, de que no final de tudo todo mundo vai lhe dizer que sim senhor, ela é a maior em tudo. Nunca admite que errou, nunca sequer coloca a possibilidade de não saber algo sobre algo. A sua máxima é simples: se é passível de ser sabido, então eu sei. Ou ainda: os outros têm opinião; eu tenho razão. A Casmurrice é a personagem que faz com que o estúpido, por exemplo, prefira perder um amigo a perder um debate.

É uma excêntrica militante, só para ser do contra e chocar os cânones instituídos, que vive na Alameda da Resistência, com vista para a Rotunda da Partilha, mas de bem longe.

A Burrice: a Burrice é a bully do cérebro. Não sabe nada de nada mas goza todos por tudo. Diverte-se todo o dia procurando o fim de um novelo de lã — e chega ao final do dia sem conseguir encontrá-lo. A Burrice é a personagem que faz com que o estúpido, por exemplo, reprove em todos os anos escolares e acredite que isso é cool e tem swag — e comece todas as frases por "yah" ou "então é assim".

É uma punk que não faz a mínima ideia do que é ser punk, apesar de usar calças rasgadas e correntes na cintura, que vive no Parque dos Idiotas, com vista para o Estádio da Iluminação, mas de bem longe.

Agora pense: quantas dessas personagens você já conheceu pessoalmente?

A culpa é, de fato, uma coisa estranha. Só aparece, no fundo, para os inocentes.

Dói tanto ter de sofrer. Dói tanto saber que é tão fácil não doer, que é tão fácil um sorriso aqui, outro sorriso ali. E continuar por entre a multidão de sorrisos como se fosse isso o que estava destinado a mim. Estou sempre tão perto da euforia como tão perto da morte. Não me interessa o que não tenha vertigem, o que não exija o medo de que seja demais. Se não for demais não me interessa, se não puder ser fatal não me serve. Sou o ator que não sabe o seu papel e que por isso vai desempenhando todos os papéis que encontra pelo caminho. Não sou o humorista nem o comovente, não sou o gênio nem o imbecil, sou o homem que não sabe onde está e que por isso vai estando em todo lugar para estar em lugar nenhum. Queria ser como os outros, pobres e felizes criaturas, a quem basta um posicionamento e têm tudo. Estão lá, nos seus cantinhos de felicidade possível, vivendo os sorrisos possíveis. E tudo aquilo os preenche. Como eu queria ser assim, não querer mais do que o que tenho e me sentir inteiro com as partes que vou tendo — com as partes que o mundo vai me dando. Mas tudo o que quero é o que não posso ter, tudo o que sinto é o que ainda tenho de sentir, tudo o que me ocupa é o que desesperadamente luto para conquistar. Nada me dá a vida como a própria vida, como doer todos os dias porque todos os dias quero mais de todos os dias. E não há dia nenhum em que me deite realizado, e sei que é isso que me impede de me deitar para o último dia. Queria ser feliz com pouco ou feliz com muito. Queria ser feliz com o que sou se soubesse eu o que sou. Dói tanto ter de sofrer, caralho. Dói tanto a vida toda pela frente e até dói tanto a vida toda para trás. Dói tanto doer quem me ama por me doer assim, por me doer estupidamente assim. Eu queria deixar de ser eu por momentos mesmo que nunca consiga, na verdade, ser eu. Sou uma espécie de mim, uma simulação de mim, uma personagem de mim. Sou o exato oposto do que quero ser. E ainda assim o apenas que só gostaria de viver. Dói tanto esta merda desta vida e é também por isso que a amo tanto. E quando eu morrer que todos digam de mim que morreu o sujeito que só chorava quando não tinha motivos para chorar. E que todos os vivos me entendam enfim. Dói tanto esta merda que eu quero que nunca acabe que é a vida.

"Gosto de estar assim."
"Assim como?"
"Assustado. Com medo de que termine."
"..."
"Me conforta. Me faz sentir como se tudo se resumisse a isto: uma sensação de que vai acabar, de que pode acabar, de que tem mesmo de acabar."
"Isso assusta."
"Sim. É bom, não é?"
"..."
"É bom, por vezes, acreditar que nos escapa das mãos, que tudo isso nos escapa das mãos."
"Sim: a dependência como forma de liberdade."
"A liberdade absoluta de não ter liberdade alguma: você é um espaço preenchido. Nada mais que isto: um espaço preenchido."
"..."
"Isto me preenche: saber que sou apenas um espaço preenchido. Você me enche de mim, sabia?"
"É uma sensação estranha — precisar sentir a impotência para sentir o poder absoluto."
"Por exemplo, este avião: há uma em um milhão de possibilidades de cair. Uma em um milhão. E no entanto é essa possibilidade que te mantém vivo, que te mantém alerta, que te mantém sentindo cada segundo. É a possibilidade de ir mal que te obriga a fazer bem. É a possibilidade de acabar que te faz recomeçar: uma e outra e outra vez. É só aquilo que você sabe que pode ir mal e acabar sem que você possa fazer nada para evitá-lo que te mantém vivo. A vida é uma em um milhão de possibilidades de você ser feliz. É bom que você acredite que é esse um."
"A sua vida depende da sua capacidade de se sentir motivado com uma hipótese em um milhão de hipóteses. Acreditar que você consegue ser esse um em um milhão: eis o segredo para conseguir, de fato, ser esse um."
"Você acredita?"

"Sim. Por isso viajo: acredito que, em algum lugar, encontrarei o milhão para o meu um. É uma equação simples: pura matemática. Quantos mais milhões se cruzarem comigo mais possibilidades terei de ser o um."

"Você está à procura da conta certa. Eu também."

"Sim. É tempo de nos separarmos."

"Foi um prazer."

Tentei, ao longo de toda a minha vida, fazer tudo para não errar. E foi esse, sei agora, o meu maior, e único, erro.

O problema não é ser solteirão; o problema é ser solteirinho.

O solteirão é um cara bacana; o solteirinho que se lixe. O solteirão vai em frente, acredita no que aí vem, aproveita as coisas boas que ser solteiro lhe traz — e não deixa de sofrer com as coisas más que ser solteiro também lhe traz. Mas o solteirão deixa para trás. O solteirinho se queixa para trás. O solteirinho vive para trás. O solteirinho é pequenino. O solteirinho é aquele cara que passa a vida pensando na vida que foi, na vida que podia ser e nunca será, na felicidade que teve e que nunca voltará a ser. O solteirinho é um excrementozinho que se dedica a ser coitadinho. Ele que vá para o falozinho.

A questão:
Que faço do amor que não quero?

A reflexão:
As pessoas são aquilo que não querem. É sobretudo isso — o que não queremos (muito mais do que aquilo que queremos) — que nos define enquanto seres. Todo mundo tem o que quer; mas todo mundo também tem de ter muito daquilo que não quer. E é o que faz com isso que define que pessoa é: que pessoa é capaz de ser. Algumas pessoas enquadram o que não querem: adaptam-se, contornam, encontram manobras de diversões, resistem, sobrevivem. Outras atacam o que não querem: revoltam-se, insurgem-se, rebelam-se, piram. E depois há aqueles que simplesmente passam a querer aquilo que nunca quiseram. E percebem que querer ou deixar de querer são construções internas. E que o que hoje se abomina amanhã se pode venerar. Com a mesma intensidade, com a mesma força. O segredo da felicidade pode muito bem estar na capacidade de perceber que não há segredo nenhum para a felicidade. Basta querer.

A resposta:
Você pode simplesmente continuar a amar por sobre o que você quer. Até porque é essa a única forma de amar. O amor é a casmurrice romântica: só desiste quando ganha. É algo que vai te consumindo, dilacerando, abraçando e apertando por dentro. Até que se apodera do papel principal que tem de adquirir, que só consegue adquirir. A vida é fácil de ser definida: é um jogo de um para muitos. E no final ganha o amor. Eu e você, portanto. Agora venha me abraçar. E prometa que não me quer para sempre.

A citação:
"Se você ama e é amado se poupe de se queixar, alguma vez, de falta de sorte. Se ama e é amado e não se sente o cara mais sortudo do mundo: azar Você é um burro."
p. 34 d'*O livro dos loucos*, de Pedro Chagas Freitas

A conclusão:
O amor pode matar. Viva o amor.

O bem-estar consiste em viver bem, sim; mas o bem-estar consiste, mais ainda, em narrar bem.

A forma como você vive a vida depende, mais que todo o resto, da forma como narra a vida: da forma como você se narra a vida. É, muitas vezes (quase sempre), a maneira como você conta a si mesmo aquilo que vê, aquilo que te acontece, aquilo que diz ou te disseram, que faz a diferença — e não, verdadeiramente, aquilo que de fato aconteceu ou foi visto ou foi falado. O bem-estar consiste na harmonização de diversos aspectos — mas consiste, mais que todo o resto, na capacidade de narração que cada um consegue desenvolver sobre esses aspectos. O narrador mais capaz é o feliz mais capaz. Um narrador altamente talentoso, tremendamente criativo e com uma impressionante capacidade de improvisação é uma pessoa feliz. Um grande narrador consegue fazer da sua vida uma grande vida — mesmo que seja exatamente igual à bosta de vida de um narrador de bosta. O narrador de bosta, perante um fato inesperado e que lhe atrasa esse ou aquele plano de vida, se sente imerso numa vida de bosta; o grande narrador, perante um fato inesperado e que lhe atrase esse ou aquele plano de vida, consegue criar uma grande narrativa: consegue elaborar uma narrativa nova, consegue confabular mil e um novos caminhos de felicidade que aquela alteração inusitada lhe permitirá percorrer. Viver não é, de maneira nenhuma, um diálogo de muitos e muitos anos entre você e você. Não. Viver é, isso sim, um monólogo em que você fala e em que você ouve. E o você que ouve acredita piamente no que o você que fala tem para contar. O você que fala é o avô que, perto da lareira, vai contando a sua história; e o você que ouve é o neto que, perto da lareira, vai ouvindo (deliciado e acreditando em cada palavra que recebe) o que o avô tem para lhe contar. Viver bem é narrar bem. Narrar de forma feliz: narrar com felicidade dentro. É bom que você se esforce para ser um Faulkner ou um Lobo Antunes ou um Saramago de tudo o que vive. Porque o que te define não é a sua história; é a forma como você se conta a sua história. E o resto é história.

Você não tinha o direito. Nem pense que tinha o direito. Não tinha o direito de entrar assim por mim adentro, varrer tudo o que eu tinha para debaixo do tapete, ocupar a minha vida com a sua. E depois ir embora sem um aceno, sem um "gostei de te amar", sem um "até foi bonito estar contigo". Nada. Entrou, amou, magoou. E foi embora. E eu fiquei aqui, perdida, presa ao que você deixou ficar à espera de que voltasse a estar, de que voltasse para me dizer que afinal tinha sido brincadeira e que não tinha ido embora como o covarde que sempre foi. Você me dá nojo. Nojo.

E não é por isso que você deixa de ser o homem da minha vida.

Amar é quando você consegue se imaginar nos braços de quem até pode te dar nojo. E você me dá nojo. Tenho nojo de algum dia ter sido sua — e ainda assim daria tudo para voltar a ser sua. Tenho nojo do seu beijo (o que eu não faria para outra vez o seu beijo), tenho nojo do seu abraço (e parece que ainda o sinto, apertado como só ele, amado como só ele), tenho nojo de tudo o que é seu. E o pior é que tudo o que é meu ainda está disponível (falta de personalidade, eu sei; fraqueza, eu sei; mas antes uma fraca feliz que uma forte na merda) para você. Por mais dias que passem (já foram meses, não já?) continuo com a certeza, a mais absoluta das certezas, de que se há algo que serei até o último dos dias será isso. Disponível para você. Disponível para o nojo de pessoa que você é, para o nojo de atitudes que toma, para o nojo de vida que me oferece.

Tenho nojo e saudade de você em doses iguais.

Todas as noites sou sua pela primeira vez. Fecho os olhos e a sua mão já percorre a minha pele em busca do prazer final. Até nisso você era nojento. Até nisso, na forma quase doentia (ou mesmo doentia) como você procurava o orgasmo, era nojento (ainda será assim com a nojenta da mulher que te dá prazer agora?). E não queria saber de mim, do que eu queria, do meu prazer. E (sou tão estúpida que só tenho vontade de me bater e depois te bater) era assim, com esse seu desprezo, que eu me sentia amada. Era assim, com a sua total incapacidade para querer me dar prazer, que eu tinha prazer. Que nojo.

Tenho tanto nojo de você, amor.

Nojo das suas palavras. Nojo do seu "adoro as suas palavras, mas adoro mais o seu cuzinho", nojo do seu machismo, nojo da sua maneira de me tratar abaixo de cão e de mesmo assim me fazer sentir a cadela mais amada do mundo. Te amo para além de toda a razão. Para além de todas as razões. E todos (e são mesmo todos) os que me dizem que você não me merece e que eu devia te esquecer têm razão. Tenho todas as razões para te mandar pastar, para nunca mais querer sequer olhar para a sua cara (você é tão lindo, tão lindo) nojenta. Mas fecho os olhos e é você que vem, abro os olhos e é você que eu encontro. E tudo o que queria era me esquecer de você para sempre ou ser a sua escrava (e só você consegue fazer uma escrava se sentir uma rainha) para sempre. Todas as razões estão contra você. E é isso, todas as razões estarem contra ele, que pode ser o amor. Tenho nojo de te amar, meu amor.

Mas te amo.

Prometa.

Prometa que vai tentar. Que vai chorar muito mas vai sempre continuar. Que vai acreditar. Que vai querer as pessoas por mais que as pessoas te desiludam. Que vai crer em si por mais que te digam que deve parar de crer em si.

Prometa.

Prometa que vai em frente. Que não recuará só porque existe o medo. Que não vai parar só porque existem problemas. Que quando te perguntarem "o que você quer ser" responderá "tudo o que eu quiser ser".

Prometa.

Prometa que selecionará. Que escolherá com critério aquilo que pode te magoar. Que não quererá se desgastar com o que não tem solução. Que não te entregará ao que só serve para te matar e não para te fazer viver. Que mandará pastar o que aparece no seu caminho apenas para ser mandado pastar.

Prometa.

Prometa que vai preferir a loucura. Que vai arriscar. Que vai ser o maluco de plantão quando for necessário haver um maluco de plantão. Que vai fazer o que nenhum dos outros malucos foi capaz de fazer. Que vai se respeitar através de não respeitar o que te impede de sonhar. Que vai preferir andar na corda bamba a ter uma corda no pescoço.

Prometa.

Prometa que vai aproveitar o corpo. Que vai querer o orgasmo sempre que for possível o orgasmo. Que vai querer o prazer sempre que for possível o prazer. Que vai lamber o que te der prazer lamber, morder o que te der prazer morder, tocar o que te der prazer tocar. Que vai explorar todos os sentidos porque vai saber que é esse um dos grandes sentidos desta merda toda.

Prometa.

Prometa que um dia vai se esquecer do corpo. Que quando o corpo já não responder porque está velho vai preferir ser para além dele. Que vai passar por cima das insuficiências dele e vai viver por dentro da sua cabeça. Que vai desprezar o espelho e ser o que sente que ainda é. Que vai perceber que depois de uma dada altura o importante não tem matéria.

Prometa.

Prometa que vai optar por amar. Que quando houver a possibilidade de amar e outra possibilidade qualquer vai amar. Que quando te parecer que amar é inconsequente vai amar. Que quando tiver a impressão de que amar pode doer vai amar. Que quando tiver a certeza de que amar é um mau caminho vai amar. Que quando amar puder existir vai amar. Que vai ter o discernimento de perceber que quando estiver quase morrendo vai ver que as primeiras quatro imagens que te surgirão na cabeça serão de amor, e as segundas quatro também, e as terceiras e as quartas e as quintas e todas as imagens que você puder ver antes de morrer serão de amor e vão ser sempre de amor.

Prometa.

Prometa que nunca vai prometer nada a ninguém. Muito menos a mim, que prometi nunca precisar tanto de alguém e agora te amo assim.

Era um corpo. E estava parado, de pé, no centro da estrada.

Ao volante, Carlos olhava. E o corpo, aquele corpo parado no meio da estrada deserta naquela noite escura, continuava ali. Imóvel. A luz do caminhão lhe batia forte e, à medida que se aproximava, ia percebendo, mais e mais, que a contraluz trazia a silhueta esguia e bem desenhada de uma mulher.

Medo.

O que fazer quando o medo e a excitação estão em doses iguais dentro de nós?

Carlos avançou. E por isso parou.

O corpo parado, sempre parado, de costas. Carlos avançando, o coração sem parar de bater mais depressa, o coração mais rápido do que algum dia o sentira. Tocou-lhe o ombro, levemente, como se temesse ser eletrocutado. E ela se virou.

— Levante-se o réu, por favor.

Silêncio.

Algumas palavras, poucas, até a palavra final:

— Inocente.

Aplausos, assobios, abraços. E o réu. As palavras do réu:

— Protesto, Meritíssimo.

— Protesta? O quê?

— A sentença. Exijo ser condenado. Exijo ser culpado.

Silêncio. Até do juiz.

— Ela está morta. Por minha culpa.

— Mas ficou provado o contrário.

— Ela está morta. E fui eu que a matei. Nem precisei de mãos. Mas eu a matei. Eu a matei quando a salvei da morte que ela queria e a trouxe para a morte que eu quis. Ninguém é mais culpado do que aquele que salva alguém da morte que esse alguém tinha planejado para trazê-lo para a morte que esse falso salvador tem planejada. Sou um assassino, Meritíssimo. Por mais que não tenha matado ninguém.

Silêncio. A sala toda concorda, as pessoas todas concordam.
Mas a lei não.

Era um corpo. E caminhava, em passo acelerado, pelas ruas apinhadas da cidade.
Ele viu que era ela, que só podia ser ela. Aquele andar, aquela maneira incomparável de sugar a vida. Seguiu-a sem uma palavra. Queria ver o que fazia, para onde ia. Andou assim algumas centenas, talvez milhares, de metros.
Até que ela se virou.

Ela está ajoelhada, boca no sexo, diante dele. Vai fazendo o que tem de fazer — com dedicação, à espera do momento da glória final.

Ele vai alternando a mão na cabeça dela, ajudando-a a descobrir o caminho, com olhares, rápidos e cada vez mais regulares, para o relógio.

Ouve-se, de repente, um alarme — uma espécie de campainha escolar. Ela para o que estava fazendo, ele para o que estava fazendo. Em poucos segundos, estão os dois vestidos como deve ser com o aspecto como tem de ser. E saem, rapidamente, do quarto exíguo e banal onde estavam. Um ao lado do outro.

— Tenha um bom dia, amor.
— Você também, minha querida.
— Logo, não esqueça, vai ser o jantar na casa dos Ribeiro.
— Sim. Estarei lá.

Um abraço e depois outro abraço. Ou quase outro abraço — interrompido pelo som, agora mais estridente, de um outro alarme, de uma outra espécie de campainha escolar.

Afastam-se. Cada um no seu carro, cada um na sua vida.

A casa é grande e luxuosa. A mulher está, na cozinha, também grande e luxuosa, dando ordens a uma outra mulher, bastante mais velha, de bata branca. Sente-se, no seu olhar, nos gestos, até na forma como constrói as frases, que está tensa, ansiosa mesmo. O homem está, de controle remoto na mão, estendido no sofá da sala, em frente à enorme e finíssima tela LED de última geração. Há um mundo que separa aquele homem na sala e aquela mulher na cozinha. Um mundo inteiro para cada um. Até que, de repente, se ouve um alarme — uma espécie de campainha escolar. Ela vem, apressada, da cozinha; ele vem, apressado, da sala. E se encontram no quarto em poucos segundos.

— Como foi o seu dia?
— Bom. E o seu?
— Bom também.
— Não esqueça que daqui a dez minutos chegam os Cardoso.
— Sim, eu sei. Vou estar aqui para recebê-los.

Falam sem se tocar, um metro, se não mais, a separá-los. Mas apenas até que se ouve um outro alarme, uma outra espécie de campainha escolar. E eles, num instante, estão abraçados.

— Te amo.

— Te amo.

Ficam assim, braços em volta do corpo do outro, durante mais ou menos um minuto. Ou mesmo durante exatamente um minuto — contado por ele no relógio de pulso. Em seguida, afastam-se em silêncio. Ela para a cozinha, ele para a sala.

Quatro pessoas ao redor de uma mesa. São dois casais. O mundo os chama de os Ribeiro e os Cardoso. Estão bem-dispostos, por entre garfadas e troca de opiniões e de histórias. Está com eles, por vezes, a mulher que veste bata branca, que vai enchendo copos, pratos e travessas à medida em que vai sendo necessário. Tudo corre exatamente como tem de correr, sem surpresas nem problemas.

Até que se ouve um alarme — uma espécie de campainha escolar.

Uma folha A4 como todas as outras folhas A4 deste mundo acabara de, puxada pelo vento, bater contra o rosto de C. Ela, irritada (o dia não estava indo bem depois de mais uma discussão com o raio do chefe), agarrou-a com a mão direita, amarfanhou-a e se aprontava para colocá-la na lata de lixo mais próxima quando, de repente, a curiosidade. Sempre a curiosidade. Noventa por cento das desgraças têm a curiosidade como culpada principal. E as outras dez por cento são bastante curiosas.

"O seu chefe é um banana e não sabe o valor que você tem. Assinado: F."

Leu. Uma vez. Outra vez. Era mesmo aquilo que ali estava, plasmado em letras de máquina de escrever. Só isso e nada mais que isso. "O seu chefe é um banana e não sabe o valor que você tem. Assinado: F." Começou sorrindo, depois começou, mesmo, a rir bem alto. Eis alguém que, por uma agradável coincidência, a ajudara a ultrapassar mais um momento (tinham sido tantos ultimamente) pouco feliz. Agradeceu mentalmente a quem quer que tenha escrito aquelas palavras — destinadas certamente a outra pessoa qualquer mas que lhe serviram na plenitude para salvar o dia — e depositou, agora sim, a folha A4 na lata de lixo.

"Egoísta de merda. Só pensa nele, passa a puta da vida pensando nele. É a merda do futebol, a bosta da cerveja, o excremento do controle remoto na mão. Tenho um marido que só pensa nele. Uma merda de um marido como talvez todas as merdas de todos os maridos deste mundo. E o pior é que não sei o que fazer com ele. Não sei como me vejo livre dele. Talvez ainda goste dele. Talvez. Tenho dúvidas. Mas talvez. Talvez ainda goste dele. É um tédio permanente, sim. Mas talvez ainda goste dele. Sou uma burra, é o que é. Não passo disso. Não passo dis..." *Prás*. Uma folha A4 na cara. E nem sequer está ventando. Uma folha A4 vinda não se sabe de onde. A curiosidade. Desta vez ainda maior, desta vez uma curiosidade com medo dentro. Há sempre uma dose de medo em tudo o que vale a pena. É o medo que dá grande parte do sentido a esta coisa a que chamamos vida.

"O seu marido é um banana e não sabe o valor que você tem. Assinado: F."

Só isso. Só essa frase. Sentiu a pele se arrepiar. Uma vez era coincidência, duas era assustador. O que estaria acontecendo? Com os braços trêmulos e as pernas bambas deslocou-se até a lata de lixo mais próxima e lá atirou, como se fosse uma bomba, o papel. Correu até o café do bairro, bebeu um chá. Algumas horas depois estava pronta para relativizar o que lhe acontecera. Era, mais uma vez, um banal acaso. Nada mais que isso. Respirou fundo e regressou para casa, estranhamente mais livre. "Você é mesmo um banana", pensou, ao olhar para o marido, pés em cima da mesa da sala, garrafa de cerveja na mão, diante da televisão. "Não me merece mesmo." Refugiou-se na cozinha e riu alto.

Dia seguinte, C. na rua, pensamentos perdidos sabe-se lá no quê. E a folha, mais uma, lhe batendo no rosto. Já se sabe o que e como: de tamanho A4, com apenas uma frase escrita.

"Te amo e quero te fazer feliz: às 15h nos fundos da antiga fábrica de cerâmica. Assinado: F."

Desta vez, estranhamente, nem sequer se sentiu assustada. Olhou para o relógio. 14h47. Sorriu, sentiu-se lisonjeada. Ainda, por momentos, hesitou. Mas optou por não ir. Tinha uma reunião importantíssima na empresa, agendada precisamente para as 15h. A razão falou mais alto. Tinha um emprego para manter e não poderia colocá-lo em perigo naquela fase da sua vida. Entrou no escritório, poucos minutos faltavam para a hora agendada, e esperou. Um minuto, dois minutos, três minutos. Ninguém aparecia. Até que uma mulher entrou. "Então a reunião", perguntou C. "Foi adiada", respondeu a mulher. "E o chefe nem me avisa", questionou, irritada. "O doutor Filipe teve um compromisso de última hora às 15h e não conseguiu avisá-la a tempo", explicou ela.

Para ser gente.

Para ser gente há que recusar a facilidade da inveja, o olho grande para as coisas pequenas, a mágoa absurda de querermos uma felicidade só para nós.

Para ser gente há que acreditar ingenuamente nas pessoas, não olhar para o que nos dizem sobre elas ou para o que nos tentam mostrar que elas são ou não conseguem ser, e encontrar em cada olhar o único mapa fiável.

Para ser gente há que aprender a rastejar, a saborear o toque ríspido e ainda assim delicioso da terra, encontrar as escadas e abdicar de subi-las, e saber que se existe vida é para andar.

Para ser gente.

Para ser gente há que ser feliz com o mundo que existe, reprovar sem eliminar, aceitar sem julgar, ter toda a fé de que existe a perfeição, e ter plena consciência de que o impossível é apenas o intentado.

Para ser gente há que desistir do que desgasta, dispensar o que não interessa, colocar todas as energias no que é sempre a favor de nós e nunca apenas contra o outro.

Para ser gente há que querer aprender: com o mendigo que passa, com o professor que nos ultrapassa, com o coitado e o venerado, com o desgastado e com o eternizado.

Para ser gente.

Para ser gente há que ser louco, fazer da adrenalina uma religião, da invenção um emprego, da tentação uma necessidade, e saber que só existe coragem onde um dia existiu o medo.

Para ser gente há enfim que compreender, harmonizar, recusar batalhas que só servem para matar (e há lá alguma batalha no mundo que não sirva só para matar?), preferir o abraço para dar uso aos braços, a estante para dar uso às armas, a cedência para dar uso ao caráter, e entender finalmente que o que separa um humano de outro humano é a distância que vai de uma lágrima à outra.

Para ser gente há no fundo que ser seu, me entregar todo ao todo que me agarra, fazer da paz dos nossos corpos a única guerra saudável, e aprender e ensinar que se há algo que toda a gente, para ser gente, tem de ser é alguém capaz de amar tão grande assim.

Para ser gente.
Para ser gente há que amar a coragem de querer sempre amar.
Para ser gente.

— Quando te ouço acredito na voz de Deus. Você diz "amemos" e todo o mundo se ajoelha. Tudo o que você fala é a palavra do Senhor. Pelo menos do meu Senhor.

— Eu gostaria de saber como se vive sem amor. Mas para isso teria de saber como se vive sem mim.

— Gosto das palavras que nos unem. É como se só existisse a linguagem para um dia podermos dizer que nos amamos assim.

— Se você quiser me matar basta morrer.

— Nós nos precisamos para além do que é razoável. Mas que caralhos interessa aquilo que é razoável?

— Sim: o razoável que vá se encher de moscas.

— É o que é razoável que é insuportável. É o que faz de conta que é bom e que faz de conta que é mau. "Faz de conta" mas é o caralho.

— É isso o que nos distingue. A incapacidade de fazer de conta. Por mais que doa, por mais que nos arranque as entranhas à mão.

— Mas o que não vem das entranhas é merda.

— Você usa palavras fortes.

— E o que não é forte lá traz algum proveito? Quero que o povo que não gosta de palavrões se foda. Te amo tão grande que não consigo dizê-lo por palavrinhas ou por simples palavras.

— Somos do tamanho das palavras que nos dizemos.

— Sim. E a opinião das pessoas que vá para a puta que as pariu. O mais detestável na vida é ficar no meio do caminho. É dizer "porra" quando teria de dizer "foda-se"; é dizer "raios" quando teria de dizer "caralho". Deixar palavras pelo meio é uma impotência linguística que pode ferir gravemente. Deixar uma palavra presa na garganta pode matar.

— Há dias em que eu queria me curar de você. Mas depois te abraço.

— A cura é amar. A cura é sempre amar. Mesmo quem morre de uma doença grave pode morrer curado se tiver quem ama ao lado. É uma morte apaixonada.

— Uma morte apaixonada: eis um conceito de amor eterno que ninguém pode recusar.

— Me fode para sempre?
— Sim. Para sempre é um bom começo.
— Eu preciso do seu sexo como de pão.
— Então vem.

Que nunca o peito deixe de ficar sem ar, pois é apenas assim que se pode respirar.

Que nunca a mágoa ocupe todo lado, que nunca a tristeza seja o nome do fado.

Que haja sempre um ombro ao redor das lágrimas, que haja sempre um sonho em cima de todas as dores — e que aqueles que sofrem sejam meros atores.

Que todos os homens sejam pessoas, que todas as pessoas sejam gente — e que ninguém desista ainda antes de que tente.

Que nunca a indiferença faça a diferença, que nunca a terra seja eufemismo de guerra — e que a mulher despida seja sempre a mulher querida.

E que haja uma casa para todos os sonhos, e que ninguém deixe de voar por falta de asa.

Que nunca o peito deixe de ficar sem ar, pois é apenas assim que se pode respirar.

Estar sempre limpinho é uma imundície.

O limpinho me dá nojo. O limpinho me dá nojinho. O limpinho merece que lhe deem no focinho. O limpinho que vá para o carvalhinho. O limpinho está sempre sem mácula. Não há nele um pingo de suor, não há nele uma mancha de chocolate, uma mãozada de criança, os lábios desenhados com batom sobre a pele. O limpinho não tem marcas de vida. O limpinho é uma criatura de museu, um humano de prateleira, um homem que vive nada a vida inteira. O limpinho não sabe o que é a última gota. O limpinho não sabe sequer o que é uma gota. O limpinho passa a vida evitando se sujar. E a vida, aquela de verdade, exige sujar as mãos aqui e ali, sujar a boca aqui e ali, suar como um cavalo aqui e ali, babar a cara aqui e ali. A vida, aquela de verdade, exige porcalhice, exige imundície. Exige um palavrão, exige um apalpão, exige até ouvir um não. O limpinho diz as palavras certas na hora certa, atua da maneira correta na hora correta. E é isso, essa obsessão pela correção, o que está mais errado nele. O limpinho nunca arrotou em público, nunca tirou meleca do nariz, nunca pisou uma linha contínua, nunca passou um sinal amarelo, nunca lambeu a tampa de um iogurte, nunca disse uma ordinarice no ouvido de quem tanto deseja. O limpinho está sempre dentro da norma e nunca está fora de si. E na vida, aquela de verdade, só o que está fora de nós vale a pena viver. Só o que está fora de você merece ser vivido. Só o que está fora da sua respiração, fora das suas mãos, fora do seu domínio, fora do seu absoluto e racional controle merece ser saboreado. O resto é o prazerzinho, é o orgasmozinho, é a aventurazinha. O resto é a pura vidinha. O tédio da vidinha. A bosta da vidinha. O limpinho não vive mais do que a sua vidinha. Coitadinha.

Só recusar o imperdoável não merece perdão.

Nenhuma tentação te vence. É você que se sente tentado — e nunca a tentação que te seduz. Se se sente tentado vai para todo lado. Se se sente tentado já não está apaixonado. Quando sente a tentação: já está por dentro da traição. Todas as tentações são irresistíveis. Todas as tentações são meras tentativas. Ela não acreditava na traição. E traiu. Ele não acreditava no amor. E amou. E todos os tetos onde se deitaram lhes diziam que estava mal, que nenhum amor merece a clandestinidade. Mas antes a clandestinidade que nada. Antes alguns minutos a dois que toda a vida para depois.

E como se diz a quem se ama que é tão pouco o que tem para nos dar?

Ela tinha um marido. E tudo o que fazia com ele a pacificava. Gostava de partilhar os filhos, os sorrisos, os jantares e a calma de um lar. Mas faltava-lhe o depois de tudo. Faltava-lhe o desassossego, faltava-lhe o tesão de um arfar pela primeira vez, de um gemido a lhe entrar pela alma. E era aí que ele chegava. Ele que tinha uma mulher. Deitava-se todos os dias com ela à hora marcada, na cama marcada, nas posições agendadas. Não queria, com ela, experimentar mais que o costume. E reservava para a mulher que lhe dava o corpo total o prazer total. Como se tivesse toda a sua excitação dividida por camadas. Para uma havia o calor, para a outra o ardor. E não sabia o que amava mais — se o amor ao prazer, se o amor ao amor. Sabia que não podia perder um lado nem o outro — porque ambos os lados o completavam por igual. Uma era a melhor amiga que era também a melhor amante e a outra era a mulher que era também a melhor amiga. O que ele não esperava é que ela e ela fossem, entre si, as amigas que ele não queria que elas fossem.

Havia um encontro por acontecer numa cama por definir.

Ela, a amiga e amante, chegou primeiro. Esperou por ele no lugar de costume, com a lingerie de costume. Ele veio depois, apressado. E não sabia que ela, a mulher e amiga, vinha logo atrás. Não sabe por que motivo, naquele dia, o seguiu. Não tinha desconfiança mas quis, talvez, lhe fazer uma surpresa. Não sabia era a surpresa que a esperava. Encontraram-se os três numa cama verde que nenhum deles algum dia esqueceria. Não houve palavras. A amiga e amante abriu as pernas, o homem entrou, a mulher e amiga abriu a boca e fechou a porta. Viram-se os três e ninguém gozou. Meses mais tarde, o juiz não foi de muitas palavras. Desuniu o que nunca, na verdade, estivera unido. Cada amiga foi para o seu lado, e o homem foi para lado nenhum. Viveu sozinho até que a morte o levasse, por mais que muitas mulheres lhe percorressem o corpo. Nunca mais houve amigas para ele e para elas. E todos aprenderam que o amor não se partilha nem se completa.

Não se sabe qual delas morreu primeiro. Mas se sabe que ambas já estavam mortas há muito.

Todo mundo quer o momento perfeito. Como o poeta procura o verso perfeito, a pessoa, poeta da vida, procura o momento perfeito. O instante absoluto. E o procura sem, verdadeiramente, procurar. Espera que ele, qual gota de chuva, caia do céu. Mas não cai. O momento perfeito exige a atitude perfeita. O compromisso perfeito. A paixão perfeita. Sem atitude, sem compromisso, sem paixão, o momento perfeito há de ser sempre a impossibilidade perfeita — a treta perfeita. Querer viver momentos perfeitos sem mexer um dedo para conseguir viver momentos perfeitos é a imbecilidade perfeita. Se você quer encontrar tem de procurar, se quer saborear tem de cozinhar. A felicidade é uma questão de sorte, sim. Da sorte de ter em si atitude, compromisso e paixão para conquistá-la. Foi uma sorte eu estar aqui para te avisar disso.

"Tenho oitenta e três anos e sou stripper. É excêntrico, é ridículo. Mas eu gosto de corpos. Eu amo corpos. São a forma que Deus encontrou de se colocar fisicamente na Terra. Sei que o meu já não é o que era. Mas os corpos jovens são um tédio, não são? Sabe-se que vai estar tudo no lugar, tudo onde tem de estar. Ver uma jovem se despir é como ver um filme de um herói qualquer: sabemos que no fim ele vai salvar todo mundo. Também já fui assim, também já tive um corpo perfeito. Mas a excitação maior é a do defeito. Aquele pedaço que tem algo inesperado. Só o inesperado excita. Pelo menos é o que eu penso. Mas não posso pensar de outra maneira. Com essa idade já devia estar quietinha no meu cantinho e estou por aqui. E adoro. A vida acaba quando deixamos de querer fazer com ela tudo o que dá vontade. E eu tenho vontade de me despir em público. Não é despir por despir. É despir por viver. Despir por sentir. Despir por ser. Sou feliz quando me dispo, quando os olhares desconfiados se tornam olhares excitados. Quando lentamente o grotesco, o excessivo, passa a ser interessante, sedutor, único. Sinto isso todos os dias lá no clube. Sou uma aberração mas sou feliz."

A casa é pequena, os dois corpos que a habitam também. A idade, essa, é grande. Uma idade enorme une aquelas duas pessoas. É a idade que une as pessoas. Um amor que acaba de nascer é um velho com futuro. Um velho com vontade de envelhecer.

— Hoje é este.
Ela se pavoneia na frente dele; ele, que estava lendo o jornal, pousa os óculos, pousa o jornal, e a olha de cima a baixo, um sorriso escondido no interior dos lábios.
— Adoro. Tem a sua cor.
— Você gosta dessa cor em mim, eu sei.
— Eu gosto de você. Gosto dos extremos que você provoca.
Ela se aproxima mais dele, passa a mão direita pelo seu rosto, sorri. Depois o beija suavemente na testa.

— O meu menino.
— A minha maluca.
Se abraçam, bem apertados.

"Se é fácil? Não. Não é. Nunca foi. A minha mulher sempre foi isso, sempre quis ganhar a vida se despindo. Foi assim que a conheci, aliás. Ela lá em cima, os homens todos babando aqui embaixo. E eu com vontade de bater em todos, sem uma única exceção. Era o que faltava, alguém dizer o que estavam dizendo da mulher que eu amo. Sim, acho que a amei logo aí. É uma cafonice falar em amor à primeira vista, mas foi mesmo. Parece que encontrei um caminho, sabem? Olhei para ela e encontrei um rumo. Me perdi nela também, se quisermos ver as coisas pelo outro lado. Ao fim de setenta anos de vida sabemos que é assim, que até o que é aparentemente só bom ou aparentemente só mau pode ter um outro lado. Ela estava lá e eu fiquei com ela. A partir daí nunca mais a larguei. A minha maluca. Esperei por ela durante horas — ela era sempre a última a sair. Insisti o caminho todo até em casa para simplesmente ir tomar um café com ela no dia seguinte. Ela sempre dando para trás. Sempre me dizendo para tomar juízo, que não tinha vida nem vontade de andar por cafés fazendo de conta que era uma pessoa normal. E não era. Não é. A minha maluca não é uma pessoa normal. E é por isso que hoje ainda aqui está, prontinha para ir ao clube onde ainda ganha a vida. É tão bonita, tão ela. Despe-se como se pintasse uma tela. Despe-se como se escrevesse um poema. Querem ver? Olhem mas não exagerem. Ainda me custa tanto saber que a querem, sabem?"

A velhota, com um fino vestido vermelho que a cobre apenas até os joelhos, espera pelo velhote na saída de casa.
— Então: vem ou não vem?
— Já vou, já vou.
— A artista sou eu mas a diva é você.
E ri. Ele, provavelmente no quarto, ri também.

"Nunca perdemos a capacidade de rir. Talvez a capacidade de rir seja a capacidade de viver, não sei. Não tenho jeito para grandes filosofias (a minha filosofia é a do corpo) mas talvez seja isso. Talvez esse homem e eu sejamos duas vidas com capacidade para continuar a rir e por isso com capacidade para continuar a viver. A velhice nos leva tanta coisa mas nunca nos leva a capacidade de gostar, não é? As pessoas às vezes se esquecem disso. Não é preciso um corpo saudável, forte, sem problemas, para gostar de alguém. Para gostar. Gostar é a minha parte favorita da vida. Nisso não mudei. Mudou o corpo. Eu não. E rimos que nem crianças, aqui, depois no clube, depois na rua. Rimos de tudo, sobretudo de nós. Somos uns loucos, não somos? Vá, não levem a mal. E riam conosco, sim? Não sejam velhotes."

A velhota está, em cima de um palco, perdendo a roupa aos poucos. O espaço é grande, tem mais de vinte mesas, há bolas brilhantes e gigantes penduradas no teto, e muitas mais bolas, nada brilhantes, excitadas aqui em baixo.

— Tira, tira, tira.
— Mostra o que você vale, vaca velha.

Ficamos por aqui quanto aos comentários, mais ou menos ordinários, mais ou menos acompanhados de sonoras gargalhadas. Ficou passada a ideia. E o velhote ficou, fica sempre, fora de si. Olha para todos os lados com olhos de mau, levanta regularmente para ir lá fora apanhar ar. No final, contudo, a velhota já está quase nua, o corpo gasto e flácido exposto como se fosse um troféu, regressa para aplaudi-la energicamente e exigir de todos, olhando em volta com veemência, que façam o mesmo.

"A minha maluca é uma rainha. Foi o melhor de sempre. O melhor show de sempre. Esse passo novo é demais. Sempre inovando, sempre diferente. Sempre mostrando às jovens como é que se faz. E não sei se quero que ela seja boa ou se quero que ela seja má. Nem devia ter dúvidas quanto a isso, mas é a verdade. Às vezes eu preferia que ela fosse mal, que ninguém gostasse. Só por egoísmo. Para ela depois voltar para casa e precisar de mim. Para pousar a cabeça no meu ombro e precisar de mim. Há uma união diferente entre duas pessoas quando uma delas acabou de fracassar. Não é que ela assim não precise de mim. Mas sei lá, também tenho direito de pecar, não é? Fico feliz com o sucesso dela. Mas por vezes preferia que não o tivesse. Para ser eu e ela sem o sucesso no meio. O sucesso pode ser chatinho, devo dizer. O sucesso pode magoar, fiquem sabendo. O sucesso pode ser uma construção de distância entre duas pessoas. Entre nós quase nunca foi. Mas tenho medo, ainda tenho medo. Ainda penso que não estou à altura dela, da coragem dela, da força dela, da dimensão dela. Da pessoa dela. Mas ainda bem que teve sucesso outra vez. A minha maluca. Viram como ela é boa, viram? Seus tarados."

— Aqui está, Raquel. Veja se está certo.
— Obrigada. Não preciso contar, já sabe. Gostou, senhor Hernâni?
— Espetáculo, como sempre. Amanhã conto contigo aqui, ok?

A velhota sorri, recebe o dinheiro que o dono do espaço lhe dá. E se sente realizada. Profundamente realizada.

"Tenho pena da puta velha. E é sempre bom ter por aqui um animal raro, uma animação diferente. Há caras que gostam desta merda, sei lá eu por quê. E eu tenho pena da velhota. Sem isto não tem onde cair morta. O inútil do marido não faz nada e tem de ser ela a sustentar a casa. É uma peça de museu. Há malucos para tudo, é o que é. Mas tenho pena da puta velha. Só imagino se a minha mãe fizesse isto. Como é que eu me iria sentir? Por isso é que se ela quiser fica aqui até morrer. Já é parte da mobília. Somos o clube onde a velha atua. Já somos conhecidos assim. Não me importo, desde que a casa encha. No final do dia é o que está na caixa que conta. E gosta do que acabei de encontrar lá. Mas tenho pena da puta velha."

A velhota e o velhote estão, sentados a uma mesa do clube, fazendo de conta que gostam daquilo. Provavelmente gostam mesmo.
— Olha ali.
Ele olha. E vê.
— Ai o sacana do velhote.
Riem os dois.
O que ambos estão olhando: um grupo de jovens muito jovens está divertidíssimo assistindo aos shows. Nada de estranho — não fosse o caso de, no meio desses jovens, estar um velho. Um velho muito velho. E está ali no meio, como se nada fosse. Todos falam para ele, todos brincam com ele, como se ele fosse apenas mais um entre iguais.

"A idade é supervalorizada. Não entendo por que é que a idade acaba por decidir as companhias. Por que é que os jovens andam com jovens e os adultos com adultos e os velhos com velhos. Como se fôssemos animais num jardim zoológico qualquer, dividido por espécies para que não se matem uns aos outros e para que o ecossistema fique equilibrado. Nunca fui equilibrada, nunca acreditei no equilíbrio. Sempre acreditei mais no toque, nas sensações. Se me toca eu o quero comigo. Se não me toca não o quero comigo. Se me traz sensações, se me abala, tem de fazer parte da minha vida. Se não me traz sensações, se não me abala, não tem de fazer parte da minha vida. É claro que existem as aparências (e eu que sempre vivi delas e ainda vivo sei disso com toda a clareza). Mas não devia ser a idade a definir a organização social. Este velhote está dando uma lição nesta gente toda. A maneira como ele é olhado não é especial. Olham para ele como mais um. E é. É mais uma pessoa. Só isso. Como eu quando subo ao palco sou só mais uma pessoa. Só isso. Isto foi criado para ser tão simples e nós complicamos tanto. Estabelecemos hierarquias, barreiras. Criamos o dinheiro, os estatutos. Criamos barreiras à livre circulação de afetos. Que idiotas. Temos tanto de espertos como de tolos. Há qualquer coisa de especial neste velhote. Partilhamos a mesma coragem. Há uma união implícita e indestrutível entre duas pessoas que partilham a mesma coragem. Talvez o amor, até ele, seja também isso. A partilha corajosa de coragens."

Em casa, meio deitados meio sentados, o casal de velhotes está em silêncio em frente à televisão. Ela tem a cabeça pousada no colo dele, que lhe vai massageando, suavemente e com a ponta dos dedos, a cabeça, o rosto. Não se ouve absolutamente nada — apenas o barulho, o de um concurso qualquer, da televisão.

Um sorriso pacífico, e imperceptível a olho nu, enche totalmente a sala.

Viver bem é olhar bem. Toda a beleza tem um lado feio; mas, sobretudo, tudo o que é feio tem um lado belo. E é esse o instante em que o poder reside em você e naquilo que você olha: em você e no lugar para que (e por que) olha. Ser feliz é uma questão de ângulo. Qualquer burro consegue ser infeliz. Basta olhar para o que está à frente dos olhos. As injustiças existem, as falsidades existem, o que dói existe. Mas só um gênio consegue ser feliz. Ser feliz exige olhar pelo lado belo — e, normalmente, são muito mais reduzidos os lados belos que os outros. Mas são. São mesmo. Existem mesmo. Saber que existe um lado belo é, em si mesmo, de uma beleza imensa. E o gênio é esse homem ou essa mulher: o que sabe que existe um lado belo em cada momento feio, terrivelmente feio, que lhe acontece. E o que acontece depois é magia, pura magia. Procurar, procurar e procurar. Até encontrar. E ele lá está, o irresistível do lado belo. Sorridente como todos os lados belos, absolutamente capaz de fazer valer milhares ou milhões de lados feios. Viver bem é uma questão de ângulo. Eu, pela minha parte, vou agora mesmo encontrar o meu. Até já.

Acreditar no destino é a mais fatal das formas de preguiça. E é um tédio. Um valente embuste.

Acreditar no destino é acreditar que somos meras marionetes neste palco vivo, cheio de porcaria tantas vezes, tão malcheiroso outras tantas vezes — mas tão lindo que até irrita muitas mais tantas vezes. Acreditar no destino é dizer "é a vida", "é o que tem de ser", "não há nada a fazer". Mas há. Há. Há sempre algo a fazer. Há sempre tudo a fazer.

Quem acredita no destino tem o destino traçado. E só pode dar merda.

Não acreditar no destino é assumir, claramente, que só há uma entidade superior a você: a sua vontade. Só a sua vontade te supera. Só a sua vontade te ultrapassa. E se o seu corpo e se a sua vida e tudo o que te acontece fazem de você um derrotado você tem, mesmo, de apelar a forças superiores, a forças sobrenaturais. Tem, mesmo, de apelar à sua vontade, à mais profunda das suas vontades. E erguer com ela o que houver para erguer. E colocar abaixo com ela o que tiver de ser colocado abaixo. E sim: não tenha medo de destruir. Não acreditar no destino não é só construir; é também, muitas vezes, destruir. Sem misericórdia. Destruir. Destruir as palavras que te dizem para não ir porque pode acabar mal, destruir as palavras que te dizem para não tentar porque já não tem chance, para não beijar porque já não tem idade, para não amar porque pode magoar. Destruir o que impede a sua vontade é a primeira das construções que você tem nas mãos.

O destino não é o que vai te acontecer; o destino é o que está te acontecendo.

O destino é o que acontece quando você está imaginando o que vai ser o seu destino. O destino não se imagina; se faz.

Se quer ser o homem mais rico do mundo: trabalhe. Se quer ser o homem mais amado do mundo: ame. Se quer ser o homem mais feliz do mundo: ria. Se quer ser o homem mais rápido do mundo: corra. Se quer ser o melhor escritor do mundo: escreva. Se quer ser o melhor palhaço do mundo: palhace. Só o que acontece com você faz parte do seu destino.

Só há um destino que vale a pena, um destino em que eu, teimoso que nem uma mula, acredito: o de dois corpos com duas almas dentro. O destino de quem tinha de se encontrar para que a sua vida não fosse uma busca sem fim. O destino de dois seres que, por mais voltas que dessem, por mais mundo que conhecessem, por mais distantes que estivessem, teriam de encontrar um momento de interseção absoluta. E definitiva. Nesse destino, ó emocionante utopia, eu acredito.

E também acredito que tenho de ir, agora mesmo, beijar alguém. Pois. É o meu destino.

"A pobreza é um estado de espírito", dizia, vezes sem conta, o mendigo, mais de cinquenta anos de uma vida de errância que ele dizia não ser errada. Caminhava pelas mesmas ruas da cidade imensa o dia todo, passava pelos mesmos locais, via as mesmas pessoas, procurava as mesmas reações. Chamavam-lhe "pobre filósofo", uma denominação que ele julgava algo redundante: "ambas as palavras indicam o mesmo", explicava com parcimônia a quem quisesse ouvir.

Naquele dia, as coisas mudaram para sempre. Se ele estivesse lendo este texto certamente comentaria, e com toda a razão, que todos os dias as coisas mudam para sempre, pela simples e irrefutável razão de que o que foi não volta a ser — e iria dizê-lo cantando para mim uma canção dos Xutos que diz isso mesmo. Mas naquele dia as coisas mudaram para sempre, dizia eu, aqui que ele não me ouve. Então é (foi) assim: uma mulher se aproximou dele, lhe deu um beijo na boca, daqueles de língua e tudo, e lhe pediu que a acompanhasse. Ele, embasbacado, foi, ao mesmo tempo em que ia construindo as mais rebuscadas teorias sobre o que estava acontecendo, a mais lunática das quais assentava sobre a premissa de que ela, imagine-se, estava apaixonada por ele. Lá foram os dois, ele atrás dela, primeiro, e depois ele ao lado dela ("como um casal", diria ele, mil vezes por dia, a partir desse dia a quem quisesse ouvir), entraram num carro top de linha ("aquilo parecia um avião") e lá se foram. Ele ia dizendo as suas patetices ("falei a ela da importância da liberdade, na ética de um pedinte, da minha personalidade forte, que me fez preferir estar na rua pedindo a me vender ao poder vigente") e ela ia ficando calada ("nem uma palavra, meu; era assustador; não sei como não dei no pé"). Passaram-se alguns minutos, talvez uns vinte ou trinta, até que chegaram ao destino. Para ele era o inferno embora para muitos pudesse ser o céu: "os lugares são sempre em comparação: vemos um lugar em comparação com o lugar que queríamos ver e não o lugar em si mesmo". Era uma casa gigante no meio do nada e ele, naquele instante, teve medo de que a sua vida acabasse — ou, pior ainda, teve medo de que a sua vida recomeçasse: "o pior que pode acontecer a quem está morto de livre vontade é haver a possibilidade de outra vez a vida. A vida assusta mais que a morte". E a mulher falou. "Quero que você seja só meu. Quero que fique aqui, quero que só eu consiga acessar o seu cérebro. Quero que acabe a indiferença em relação a algo tão único como aquilo que você pensa. Me magoa que uma cabeça assim esteja à disposição de quem não a aprecia devidamente", ouviu da boca dela, e provavelmente, se ela não o tivesse beijado logo em seguida como se quisesse enfiar o mundo todo dentro da boca, ele teria respondido que era adepto incondicional da partilha e que preferia ter o papel de, por mais que custasse, chamar atenção para a importância da filosofia a todos os indiferentes que passavam. Não disse nada: foi beijado e gostou ("os lábios dela; os lábios dela são toda a filosofia de que preciso quando estou nos lábios dela; os lábios dela são toda uma nova corrente filosófica por dentro de mim"), depois a seguiu até um quarto, onde ela lhe deu banho com o seu próprio corpo ("o corpo dela; o corpo dela não se diz, meu; nada o consegue dizer"), depois abriu um guarda-roupa luxuoso e lhe pediu que vestisse um terno bem cortado, que o fazia se sentir um magnata. Foi então que ele quis lhe dizer que não queria, por mais que o corpo dela e os lábios dela existissem ali, aquela vida; quis lhe dizer que queria regressar às ruas e a ele sem nada daquilo, mas ela virou de costas e o deixou ali sozinho, ele tentou segui-la mas percebeu, só então, só naquele momento, que aquele terno de luxo tinha, além de um corte elegante, um sistema qualquer que o impedia de afastar os braços do corpo. E ali ficou, naquele quarto e naquela casa, até hoje, o dia em que eu, depois de muito procurar, o encontrei. Gostei, tanto tempo depois, de revê-lo. E, se a doutora Manuela (assim se chama a misteriosa mulher) julgar que não é nocivo para ele, voltarei amanhã, no horário de visita. Prometo.

Se você pode sofrer só amanhã por que raios haveria de sofrer hoje? Todo mundo tem mania de saber tudo. É o empregado do café do bairro, o político que toma as decisões, a mãe e o pai e o tio que têm sempre uma opinião certa para qualquer momento errado. Todo mundo tem mania de saber tudo. Sobretudo eu. Sobretudo o sacana que passa a vida dizendo que os outros têm mania de saber tudo. Sou eu esse sacana. E é este sacana que hoje aqui está para te ensinar algo muito simples: o mais difícil de fazer é o que parece tão fácil que até chateia. Aquilo que é tão mas tão fácil que qualquer criança de dois anos e meio saberia fazer. E é esse o segredo para encontrar a tão desejada felicidade: tomar todas as decisões, sobretudo as que envolvem maior complexidade, com a simplicidade e a leviandade de uma criança de dois anos e meio. É uma relação de pergunta-resposta simples de si para si que define o que você é e o que sente. Pergunta: posso não sofrer? Resposta: posso. Pergunta: se fizer o que é pouco recomendável vou ser mais feliz do que se fizer o que é muito recomendável? Resposta: sim. Pergunta: se abrir a porta do armário e retirar de lá o chocolate que a minha mãe só me deixa comer no Natal vou ficar feliz? Resposta: vou. Então: o que ainda está fazendo aqui lendo esta bosta quando já devia estar se lambuzando todo?

O segredo da felicidade é simplesmente não hesitar em ir ao armário proibido buscar o chocolate proibido.

E depois também há o outro lado. O lado do que te faz doer, do que vai fazer doer, do que fatalmente tem de doer. Mas as crianças — e é este, talvez, o grande motivo para a sua competência constante para a felicidade, para a genuína felicidade — não entendem o que é uma fatalidade. O propósito de uma criança é ser feliz, a competência de uma criança é a felicidade. Todo o seu trabalho — e as crianças trabalham, ai não que não trabalham — é para ser feliz. Uma criança se esfola toda (às vezes até literalmente) para ser feliz, para ser verdadeiramente feliz, para atingir os seus objetivos, para levar a bom porto os seus projetos, para cumprir as suas metas. Todos os empresários deviam frequentar workshops de gestão e empreendedorismo com crianças.

Qualquer criança é o trabalhador perfeito e ao mesmo tempo o empresário perfeito.

Uma criança não sabe que há coisas incontornáveis, obstáculos intransponíveis, dores inultrapassáveis, momentos que sem remissão só podem dar em porcaria da grossa. A criança não acredita — porque é um conceito que simplesmente não consegue restringi-la — na inevitabilidade. Para uma criança, a única coisa inevitável é ser feliz. Brincar quando der vontade de brincar, cantar quando der vontade de cantar, correr quando der vontade de correr.

Na vida a única coisa que tem de ser inevitável é não haver coisas inevitáveis.

E só quem não acredita no inevitável consegue adiar. Adiar é bom. Adiar é de uma beleza que só os poetas entendem. Adiar é ousar, é tentar, é pensar. Adiar o inevitável é de uma inteligência sem paralelo. Adiar o inevitável é o momento de gênio que qualquer burro consegue, se estiver atento, estar à altura de executar. Adiar o inevitável é sagacidade pura, fulgor em estado bruto. E é sobretudo um momento em que a criança toma o poder. Só uma criança consegue acreditar que aquilo que é inevitável, só por ser adiado mais um ou dois minutos (ou um ou dois dias), pode até deixar de ser inevitável. Só uma criança, imersa na sua deliciosa ingenuidade, consegue acreditar que o inevitável adiado pode até nem ser inevitável. Porque vai aparecer uma fada mágica para resolver o problema, porque vem de sorriso nos lábios um super-herói a voar e o planeta fica salvo, porque o príncipe vem cheio de coragem no seu cavalo branco para resgatar a princesa. Adiar é fazer aquilo que todos os cérebros pensantes deveriam fazer sem sequer hesitar: promover o agora ao status de tudo o que existe. Quando se coloca o agora no patamar de tudo o que existe, é muito simples perceber que adiar pode ser a felicidade possível. E que porventura, de tanto adiar, pode mesmo não acontecer. Adiar pode ser a melhor forma de ultrapassar.

Se você pode adiar: que merda tem na cabeça para te fazer hesitar?

Adie. Empurre. Empurre para a frente, para o lado, para onde bem entender. Mas empurre. Com a barriga, com os braços, com as pernas, até com o pênis se for preciso. Empurre as merdas inevitáveis, adie-as como se estivesse adiando a morte. E está. Nada mata mais que um agora mal conseguido. Aliás: a única coisa que mata é um agora mal conseguido. Porque ninguém morre no passado ou no futuro. É sempre no presente que a puta da morte aparece. É bom que você a adie.

Antes que seja ela a te adiar para sempre.

"Quero entrar em você para que o novo ano saiba a que venho."

O bar estava cheio, tantas pessoas à procura da felicidade, e ela dançava, a saia justa e o corpo. Ai, o corpo.

"Se há algo que o novo ano não vai te trazer é isto que você está vendo."

Ela não sabe se disse aquilo para dizer mesmo aquilo, se disse aquilo apenas para provocá-lo ainda mais, as mãos lentamente a passarem em si mesma, e o olhar dele como se quisesse amar.

"A sua sorte é que eu não ligo muito para as palavras. Prefiro os corpos."

Ela quis rir, quis lhe dizer que, no meio daquilo tudo, no meio de todos os idiotas que já haviam tentado a sorte, este até era o mais engraçado, e apesar de tudo tinha um sorriso interessante e uma cara que, parecendo que não, a fazia ficar arrepiada sem saber como, com vontades estranhas no meio das veias.

"Olhe bem para o meu corpo, porque é mesmo isso o máximo que um dia vai poder fazer com ele: olhar."

Era uma mulher casada e amava fielmente o marido, só estava ali, nesse dia tão especial, sozinha porque ele estava no outro lado do mundo resolvendo o negócio da sua vida, sem perceber, coitado, que a vida é, toda ela, um negócio que tem de ser ganho todos os dias.

"Se eu não fosse casado era hoje que passava a acreditar no casamento."

Foi provavelmente a frase mais idiota que ele algum dia disse, um misto de galanteio de trolha com uma deixa de um Casanova fajuto qualquer, mas foi o que saiu e ele se agarrou àquilo da maneira que pôde. Ela percebeu que estavam em pé de igualdade, ambos casados e correndo risco, e isso acabou por lhe dar alguma dose de conforto e todas as doses de loucura.

"Me pague o táxi que eu te digo onde moro."

Ele pagou, ela aceitou, e nem um nem outro sabiam para onde iam, mas sabiam que iam, certamente o amor acontece quando não se sabe para onde se vai mas se sabe que se vai.

"Te amei profundamente até saber o que era o amor."

Foi o que ela disse ao homem com quem casara e o que ele disse à mulher com quem casara. Começaram os dois o ano cheios de problemas para resolver e com a sensação imaculada de que estava tudo mais resolvido do que nunca na sua vida.

"E por que não? Afinal basta."

A resposta dela ao pedido dele foi desconcertante, e lá foram os dois, a roupa do corpo e a vontade do corpo, para longe de tudo o que os impedia de amar, havia um ano novo para viver e para matar de velho.

"Quando me perguntarem do que fugi direi apenas que de nada."

Explicou ela, e lhe apresentou a sua teoria segundo a qual o mundo existe quando nos apaixonamos por ele. Não pelo mundo, mas mesmo por ele.

"Quando me perguntarem o que vivi direi apenas o seu nome."

Todas as pessoas choraram quando o ouviram dizer aquilo, a sala cheia emocionada pelas palavras de um homem de repente sozinho. Até que ela veio, atrasada como sempre, e o abraçou.

"Carolina."

E uma biografia ficou escrita.

Que nunca as pernas se cansem de dançar, pois é essa a única maneira de recomeçar.

Que nunca as pernas se cansem de tropeçar, pois é essa a única maneira de caminhar.

Que eu seja o que cai mas nunca descai, que eu seja o que desfruta e nunca o que aguenta — e que nunca abdique de ser o que tenta.

Que todos os homens aprendam a andar — e que corram e sonhem a cada saltar.

E que não haja pernas pequenas demais, e que não haja no mundo dois homens iguais — e que se faça um começo de todos os finais.

E que o passo por dar continue a nascer, e que o caminho se faça pelo mero querer — e que eu ouse o perigo de insistir em viver.

E que nada termine sem o ai do orgasmo, e que nada se dobre sob o peso do pranto — e que um simples abraço me encha de tanto.

Que nunca as pernas se cansem de tropeçar, pois é essa a única maneira de caminhar.

Que nunca as pernas se cansem de dançar, pois é essa a única maneira de recomeçar.

A pequena morte, dizem os franceses.

O orgasmo, dizemos nós, e quase que temos medo de largar a palavra; como se fosse uma bomba, como se doesse, como se fosse forte demais, como se não tivéssemos o orgulho que deveríamos ter dele, do que ele é, do que ele vale, do que ele diz.

Ou o orgasmo ou nada, digo eu.

E levanto a voz, bem alto, para dizer que é por ele que vivo, por ele que ando, por ele que quero, desespero e volto a querer e a desesperar. Ou o orgasmo ou nada. A pequena morte para estar vivo. Morrer para estar vivo: eis o paradoxo mais bonito que qualquer língua pode criar. Morrer, com o orgasmo de tudo o que nos faz explodir de vida, para estar vivo.

É a hipótese de um orgasmo que torna cada dia viável.

Vivo para gozar. Vivo para gozar o maior número de vezes, no maior número de ocasiões, no maior número de contextos. Gozar com um escrito, com uma leitura, com um olhar, com um abraço, com a imagem do mar ou do céu, com o sorriso simples das pessoas. Vivo para gozar. E não tenho medo de admitir. Não quero a vida se ela não me der orgasmos. Não quero a vida sem explosões. E é essa a escolha que todos temos de fazer, todos os dias: ou você explode ou implode. Ou explode — em tudo o que você faz — com o pico do que quer ou está a milímetros de implodir, como um castelo de cartas, como um dominó ferido.

Ou explode ou implode.

E eu expludo. Quero a puta da euforia, a louca da montanha sempre no pico. E dói tanto quando a queda acontece. E dói tanto quando a euforia passa. Mas depois volta tudo de novo. A puta da euforia, a louca da montanha. É isto a vida, só pode ser isto a vida, querer tanto tudo o que queremos como queremos a própria vida. Se não pode me dar um orgasmo não me merece.

Há momentos em que esmoreço, há momentos em que todo mundo esmorece; porque a derrota existe, porque as lágrimas existem. Mas também há o recomeçar, o inventar de novo o que passamos a vida inventando. Pode me faltar tudo menos a vontade de tudo. Outra vez. E outra vez. Se tiver de chorar que seja depois de gozar. Porque mesmo que não goze há de haver uma lágrima para chorar. Porque mesmo que não me levante há de haver mais quedas para dar.

Se tiver de viver que esteja vivo: eis tudo.

Trezentos e trinta e dois, anotou, e pensou, com ironia, que trezentos e trinta e dois pelos na cara talvez até nem fosse muito pelo. Resolveu, só para não ficar com dúvidas, contar de novo, a manhã já ia longa, a luz do sol cada vez mais alto a bater no espelho do banheiro. Trezentos e trinta e dois, confirmava-se a contagem inicial, escreveu então a caneta o número inteiro novamente, desta vez sem falha possível. Em seguida, iniciou outra contagem, essa mais curta, menos de um minuto passado e já estava terminada. Quarenta e sete, escreveu, quarenta e sete pelos brancos entre os trezentos e trinta e dois, mais dois que no dia anterior.

Descansou um pouco sobre a cama, só até o momento em que, observando com atenção o teto, percebeu que talvez houvesse, lá, mais pequenos pontos de umidade que na contagem do dia anterior. De imediato, num salto, se levantou, arrastou a escadinha e, de caneta em punho, iniciou a contagem.

Duzentos e vinte e quatro pontos, tinha razão, mais sete pontos que no dia anterior, anotou sem perder tempo no seu grosso e gasto bloco de anotações. A fome já aparecia e ele não quis deixá-la sem resposta, dirigiu-se à cozinha e, calmamente, encheu a tigela de costume, dois gatos abraçados, com os flocos de chocolate do costume. Depois, despejou o leite sobre eles e, antes de colocar no micro-ondas, rapidamente agarrou o seu bloco de anotações e iniciou a contagem. Cento e cinquenta e sete flocos, nem um a mais nem um a menos, cento e cinquenta e sete flocos, como havia estabelecido após a investigação exaustiva que havia feito sobre qual o número ideal de flocos que deveria consumir diariamente.

Enquanto tomava, com deleite evidente, o seu café da manhã, olhava pela janela, o mar ao fundo, as pessoas na rua, apressadas, e o bando de pássaros que, nos últimos nove dias, sempre andava por ali. Ao olhar para eles com atenção, viu-se obrigado a pegar o caderno de notas e anotar. Oitenta e três, menos um que ontem, e as lágrimas, sem que ele notasse, já lhe escorriam, um pássaro a menos, pensava, é sempre motivo para chorar, um ser capaz de voar a menos no mundo é sempre motivo para chorar.

Só atirou o caderno ao chão, e não se preocupou mais com ele, quando a viu chegar, a tarde já quase a começar, e aqueles olhos grandes dela, aquela forma de viver como se a vida fosse uma festa. Primeiro viram, no sofá onde se amavam sempre, um ou dois episódios da série favorita de ambos, a cabeça dela no peito dele, as mãos dele no cabelo dela; depois ele a despiu lentamente, percorreu-lhe com a língua as costas como se estivesse percorrendo o céu; em seguida, ela assumiu o comando, despiu-o, despiu-se, e, de frente para ele, sentada, levou-se e levou-o ao momento em que todos os sentidos se unem para o prazer; e, finalmente, ele a afastou de cima de si, empurrou-a com força, atirou-lhe a roupa na cara e exigiu que se vestisse e que fosse embora antes que ele perdesse a cabeça. Ela chorou muito, ainda tentou lhe pedir para ficar, mas acabou indo, o mundo inteiro por terra.

Já sozinho, lágrimas copiosas por toda a pele, ele recolheu o caderno do chão e escreveu um pouco. Trinta e quatro penetrações até o orgasmo dela, mais doze que no dia anterior. Treze riscos de unhas nas costas, mais quatro que no dia anterior, todos eles com uma espessura de risco superior à sua em vinte e um milímetros. Cento e dez mil seiscentos e quarenta e sete cabelos, mais dois que no dia anterior, ambos mais curtos e de cor diferente dos dela.

Deitou-se, derrotado e triste, na cama e, sem saber como, uma nova contagem se iniciou na sua cabeça. Duzentos e quarenta metros exatos, a distância entre a janela do seu quarto e o chão.

Ele vai ao volante, olhar perdido na estrada.
Ela vai ao lado, mão na perna direita dele.
— Podíamos passar a noite fora, hoje.
Ele mantém o olhar perdido na estrada.
— Está bem.
Ela sorri, beija-o no rosto.
— Te amo.
Ele mantém o olhar perdido na estrada.
— Eu também te amo.
Ele para o carro, coça a barba, abre a porta e sai.
— Chegamos.
Ela sai do carro, olha para o hotel e corre para os braços dele.
— Te amo.
Ele olha para o horizonte como antes olhava para a estrada: perdido.
— Eu também te amo.
Ela se estende na cama do hotel.
— É como a cama da nossa lua de mel.
Ele olha pela janela.
— Sim, exatamente igual.
Ela se remexe sobre a cama, se enrola.
— É tão bom ser sua.
Ele continua a olhar pela janela.
— Está na hora.
Ela continua enrolada sobre a cama, olhando-o fixamente.
— Está. Adorei te amar.
Ele se vira, beija-a no rosto, sai do quarto.
— Também adorei te amar.

Hoje estou com vontade de inventar uma nova monogamia. Uma monogamia altruísta, uma monogamia com dois canais sintonizados no tempo: a stereogamia. Sim: hoje estou com vontade de inventar a stereogamia — um híbrido exato entre a monogamia e a poligamia.

A monogamia dos dias de hoje é a monogamia dos pequenitos. Uma monogamia dessintonizada, descaracterizada, desarmonizada. A monogamia dos dias de hoje é, em muitos casos, uma monogamia que não é — vai sendo. Uma monogamia a uma voz. Pobre monogamia. E então temos o homem que está só com a mulher só enquanto vai dando para estar só com a mulher, ou a mulher que está só com o homem só enquanto vai dando para estar só com o homem. Só para ver no que dá. A monogamia que só acontece porque é bacana e porque não surgiu a possibilidade de criar uma nova monogamia ainda mais bacana. A monogamia que vá se encher de moscas se for, mesmo durante a monogamia, uma monogamia passageira. Quando se é monógamo só até ver se é só um polígamo cego: um polígamo que não se quer ver. Ou um pré-polígamo. Uma véspera de um polígamo, na melhor das hipóteses.

Quando se é monógamo tem-se de ter a certeza de que é para sempre. Tem-se de acreditar na monogamia como se acredita na existência da vida. Claro que pode até nem ser, claro que pode até acabar hoje ou amanhã ou depois de amanhã — as pessoas mudam e o mundo roda e essas tretas todas. Mas o que você não pode é estar dentro da monogamia a pensar que pode amanhã estar fora da monogamia — daquela monogamia, pelo menos. Um monógamo temporário é a ralé dos monógamos — a vergonha dos monógamos: um retrógamo.

Sou todo seu para sempre ou não sou de ninguém para sempre: eis a monogamia. Sou todo seu para sempre ou não sou de ninguém para sempre e sou toda sua para sempre ou não sou de ninguém para sempre: eis a stereogamia. A perfeita sintonia.

A stereogamia é rara, tão rara, muito mais rara que a monogamia. O que não falta por aí são monogamias travestidas de stereogamias, reles imitações da stereogamia, marcas brancas da stereogamia. Um ama e prende; o outro não ama mas prende da mesma forma. Só para prender. Só para ter. Só para possuir. Só para ser o senhor x ou a senhora y. Bardamerda para essa gente.

Eu sou pela stereogamia, cultivo-a como um louco, trato-a como se fosse ela o princípio do amor. E é. Mas tenho ódio, horror absoluto, à monogamia — alguém que não ama e prende é um terrorista, um egoísta, um biltrista, um cabrãozista, um sacanista e outras palavras que eu acabei de inventar terminadas em ista, desde que signifiquem que é, no fundo, um filhodaputista. Só a quem está disposto a ter uma relação em stereogamia deveria ser dada a possibilidade de prender. Só esse prender liberta. E é assim que eu te prendo e você me prende. É assim, em stereogamia, que nos amamos. Você está em mim as vinte e quatro horas do meu dia e por isso não há horas para que mais alguém entre. Não há horas, não há espaço, não há nada. Há a sensação impoluta de que seremos únicos até que as vidas acabem. E ainda não acabaram, pois não? Eu sei. Vem cá, que eu quero te prender mais uma vez.

Inventou um programa que imprimia pessoas. De todas as cores, de todas as raças, manetas, pernetas, defeituosas ou perfeitas. Bastava desenhá-las, criá--las num computador qualquer, ligá-lo à impressora, e já estava. Ainda não sabia muito bem o que poderia fazer com a sua invenção e se sentou, durante algum tempo, refletindo sobre isso. Primeiro pensou em ficar rico, vendendo a sua ideia, por exemplo, aos países com déficit populacional — ou até aos países mais poderosos do mundo, que poderiam imprimir os homens completos, máquinas de trabalho e de guerra perfeitas, sem qualquer limitação. Se conseguissem desenhá-los, teriam os supersoldados, as superpessoas que desde sempre quiseram ter ao seu dispor. Quem tivesse aquela invenção em seu poder teria, talvez, o controle do mundo. Depois pensou em simplesmente usar aquilo para si mesmo, não contar a ninguém, e ser feliz. Teria apenas de criar a mulher mais bonita do mundo, imprimi-la, e se casar com ela, certamente que a criatura não diria que não ao criador. Ou será que diria? Havia que testar. E foi isso o que, de imediato, foi fazer.

Inventou um programa que imprimia doenças. De todas as espécies, mais ou menos mortíferas, mais ou menos dolorosas, mais ou menos curáveis. Bastava, num computador qualquer, descrevê-las com exatidão, o que provocavam, como se transmitiam, ligá-lo à impressora que inventara, e já estava: aquela doença estava gerada e só teria de ser lida para existir. Primeiro pensou que se tratava de uma criação diabólica, quem raios haveria de ter interesse em algo assim? Mas depois compreendeu que tinha nas mãos, provavelmente, uma verdadeira mina de ouro: quantos e quantos países superpovoados, quantas e quantas milionárias companhias farmacêuticas, não gostariam de ter na sua posse algo assim? Seria possível, com aquela inacreditável criação, inverter todo o processo de compra: primeiro se criava o antídoto para o surto e depois se criava o surto. Genial, pensou ele. Tudo lhe parecia perfeito, até que começou, aos poucos, a colocar a possibilidade de a doença, uma das doenças, poder chegar até ele. Os vírus se alastram e ele, havendo algo pandêmico a circular, era apenas mais uma possível vítima. Tinha de escolher entre o bom senso e a ambição. Escolheu o que todos os humanos, no seu lugar, escolheriam.

Inventou um programa que imprimia amor. De mãe para filho, de namorado para namorada, de amigo para amigo, de todo mundo para todo mundo. Bastava, num computador qualquer, escrever o que sentia, exatamente o que sentia, ligá-lo à impressora, e já estava. Quem lesse aquelas palavras ficava imediatamente embevecido e até emocionado, pronto para amar sem reservas. Primeiro pensou em guardar aquela descoberta só para si, fazer aqueles de quem gostava lerem o que ele criara e ficar assim, feliz e realizado por amar e ser amado. Mas depois percebeu que estava sendo egoísta e que o mundo (que penava, naquele momento, com um estranho e repentino excesso populacional generalizado e parecia estar lidando com a pior pandemia da sua história) merecia saber daquilo, usufruir daquilo, explorar aquilo. Foi então que decidiu espalhar a sua descoberta, embora ainda não soubesse muito bem como. Cogitou dias a fio, sofreu muito, mas chegou a uma solução que lhe pareceu eficiente: iria juntar todos os textos e, em seguida, imprimi-los em milhares (ou milhões, se pudesse) de exemplares e espalhá-los pelo mundo. Criaria aquilo a que pomposamente chamou "um circuito de distribuição" mundial, criaria até espaços próprios para as pessoas procurarem e consumirem sem custos a sua descoberta miraculosa, e dessa forma seria possível lutar contra todos os males do mundo. Como tinha uma criatividade peculiar, deu nomes estranhos às suas criações. Aos espaços de salvação chamou "bibliotecas", nunca ninguém entendeu por quê, e à sua poderosa invenção chamou "poesia", diz-se que porque acreditava que era aquilo que faltava ao mundo e também porque jurava que era o nome daquilo que todo mundo sentia quando a descobria.

Inventou um programa que imprimia amor, mas quando, pela primeira vez, passou por uma livraria viu que já o tinham inventado há muito.

— O que faz mover uma multidão?
— O amor. Só o amor faz mover uma multidão.
— E o ódio.
— Sim. Foi o que eu disse: o amor.
— ...
— O ódio é uma fase do amor, um estágio do amor. O estágio agressivo do amor. O estágio psicopata do amor.
— O estágio demencial do amor.
— Ou o estágio racional do amor. Não está ainda provado que o amor envolva a razão. Sabemos que mexe com tudo, mas não sabemos de onde vem, e se exige, sequer, que o intelecto intervenha. O ódio será, provavelmente, o amor mais adulto. O amor que percebe que o que ama lhe faz mal e tenta replicar. Oferecer a mesma moeda. O amor lutador, o amor guerreiro, o amor de mangas arregaçadas. O amor anticristo, que ao invés de dar a outra cara vai à procura de acabar com a outra cara.
— Crucificar para não ser crucificado: eis o amor.
— Amar para ser amado. No fundo, por mais inusitado que possa parecer, quem odeia e pratica atos de raiva sobre quem ama procura obter, em troca, a certeza de que existe um amor. Ferir só para poder ajudar a curar, entende?
— Atear fogo para ser o herói que o apaga.
— Atear fogo para ser queimado por ele ao lado de quem você ama. Morrer feliz é a única maneira de estar vivo. É isso o que todos procuramos: o momento perfeito para a morte perfeita. As multidões são movidas a morte. Querem matar, eliminar. Acabar com algo. E ao mesmo tempo querem eternizar esse algo. As multidões são movidas a morte. E nada mata mais que o amor.
— Eu gostaria que você fosse a minha antimultidão, que quisesse me amar contra todas as pessoas.
— Amar é sempre contra todo mundo. Primeiro porque se ama no singular. Amar no plural é uma impossibilidade gramatical. Mesmo que você ame várias pessoas só pode amar uma de cada vez. Podem estar todas no mesmo espaço físico, você pode até estar beijando todas simultaneamente, mas só con-

segue, dentro de si mesmo, amar uma de cada vez. O seu cérebro só processa uma de cada vez. Pode ser por apenas uns segundos mas cada segundo é apenas de uma só pessoa. Amar é, por definição, estar sozinho no meio do mundo.

— Quero te roubar do mundo.

— Tão bonito. Querer apear quem você ama dos outros. Afastá-lo da possibilidade de outro amor. Querer alimentá-lo a solo, como uma mãe acredita, nos primeiros tempos de vida do seu rebento, que tem tudo o que ele precisa para se sentir feliz.

— Mas depois o tempo passa.

— Mas depois a vida passa. O problema da vida é passar.

— Quer passá-la comigo?

— Vamos. Temos um corpo para contrariar.

— Te amo.

— Eu sei. Desculpe.

As pessoas normais não sabem que é na curva que se faz a vida, na trajetória impossível do desejo, no fogo sem queda de querer a paixão.

As pessoas normais não imaginam que a felicidade é a entrega absoluta, o abraço final, desistir de tentar apenas quando se alcançou o que nunca se parou de tentar, e não percebem que nem sequer é o sonho que comanda a vida, nem sequer é o amor, a morte ou a ambição, não entendem que a vida consiste em entregar a merda de que você é feito à merda que você faz — para assim, só assim, tudo o que você vive não ser uma merda.

As pessoas normais não tocam o orgasmo como se vivessem o entendimento da eternidade, não vestem o tesão como se descobrissem o segredo fatal para a felicidade, não agarram com as duas mãos a paixão (ai, a paixão, há coisa mais apaixonante do que ela?), não acordam para o dia para devorar o dia, para lamber o dia, para o morder, beber, suar, beijar, amar, sentir até o último milímetro do osso e nem assim sentir que se chegou ao último espaço da alma.

Hoje quero dizer às pessoas normais para se erguerem na sua anormalidade, para gritarem que são gigantes e não anões, para foderem sem medo, para cantarem na chuva, para correrem ao sol, para gemerem que nem loucos quando sentem a vida que nem uma louca. Hoje quero dizer às pessoas normais que nenhuma gravata pode impedi-las de respirar, que nenhum cargo pode impedi-las de ousar, que nenhuma regra pode impedi-las de amar.

Hoje te escrevo, pessoa normal, e ordeno que deixe de merdas, que não pense que isto são só palavras que nada valem, que nada te servem; ordeno que experimente, só um dia, só um cabrão de um dia, acordar para o que tem como se quisesses fazer do que tem tudo o que quer. Vai. Levante-se. Esfregue os olhos, abra a janela, pense em tudo o que te dá tesão, na tão boa e tão demencial paixão. Depois vai. À mulher que você ama se for ela que você quer, ao emprego que quer se for ele que você quer, à adrenalina, à tensão, à abstenção, a tudo a que sempre só soube dizer não. Vai, criatura. Seja humano no que de mais humano pode haver: saber o que se quer e ter tudo o que é preciso para ir à procura do que quer. Cague na bosta do medo, na porcaria dos "mas", no excremento sem paralelo da repressão. Seja o desgraçado humano que quer ser, renda-se à sua necessidade de saciar as suas necessidades — e nada é mais humano do que ter necessidades, meras necessidades, banais necessidades, e ainda assim tão felizes necessidades. Em cada necessidade há um prazer à espera de ser sentido.

Hoje te escrevo, pessoa normal, e te mando ser estúpido, imbecil, palerma, só por um dia. Só amanhã. Acorde e seja o caos total que você quer ser. Você vai ver que, no final do dia, vai estar mais equilibrado do que nunca.

Entrega total ou mais vale o final: eis a única máxima que a vida merece.

(você sabe realmente quem são os loucos?)

A loucura é uma questão de percepção. Todos os loucos desprezam o que todos os outros aceitam (o que todos os outros, na verdade, procuram que nem loucos): aceitação.

A aceitação é uma forma de veneno: uma forma, que seja, de loucura. Uma forma socialmente aceita de loucura. Quantos se perderam de si para que os outros os encontrassem?

Até há minutos me chamavam de louco. Agora sou apenas milionário.

Tudo começou há vinte e três anos, dois meses e quatro dias. Foi nesse dia que, por um simples capricho que eu nunca soube explicar, comecei a contar o número de traços cortados nas estradas — no fundo dediquei a minha vida desde então a contar as linhas descontínuas que havia em todo o país.

Corri as estradas de norte a sul e terminei ontem o meu périplo.

Foi um percurso difícil, ainda mais numa altura em que estão sempre sendo construídas estradas e, com elas, novos traços descontínuos nascem.

Também as más condições de algumas vias me causaram dificuldades. Muitas vezes tive de ser eu a exigir nas juntas de freguesia que pintassem as linhas desgastadas pelo tempo em estradas velhas e decadentes.

Finalmente consegui: sei que contei todas as linhas, sem uma a menos que seja. Nos próximos meses posso estar descansado: o número a que cheguei vai se manter intocado durante algum tempo; não está prevista, em nenhum ponto do país, a abertura ou renovação de estradas nos próximos tempos.

Sofri muito para conseguir — mas consegui. Todos me diziam que eu era maluco, que devia estar internado. Ninguém compreendia o meu passatempo. Todos riram pelas minhas costas.

Até há alguns minutos, talvez há já uma hora, quando, no meio de um debate entre os dois maiores empresários do país, se gerou a tirada de humor que me deixou milionário. Foi mais ou menos assim:

— Está me dizendo que daria um milhão de euros a quem conseguisse provas de que o doutor prometeu isso? Mas sabe bem que isso é impossível, doutor. Foi uma conversa que tivemos só os dois. Encontrar alguém que o prove é mais ou menos a mesma coisa que encontrar alguém que saiba o número certo de, digamos, traços descontínuos que há nas nossas estradas. Isso mesmo. Eheheheh! Eu também posso prometer que dou um milhão de euros a quem souber isso, doutor. Sejamos sérios, doutor, sejamos sérios. Ehehehe!

Já tenho aqui o cheque na mão.

É tão fácil deixar andar. Simplesmente deixar. Uma ligeira tentativa aqui, outra ligeira tentativa ali. Só para disfarçar o deixar andar. E poder continuar a deixar andar. É tão fácil deixar andar. Não exige força, não exige motivação, não exige tentativa, não exige o risco de erro. Deixar andar exige continuar, apenas continuar. Os mesmos gestos, os mesmos hábitos, as mesmas respostas para as mesmas perguntas. Sempre a pura da mesma merda. Deixar andar é sempre a mesma pura da mesma merda. Estar na merda não é estar mergulhado na merda. Estar mergulhado é mau, claro. É muito mau. Mas o pior de tudo é estar apenas levemente besuntado de merda. O pior de tudo é estar impecável da cabeça aos pés, cheiroso, imaculado, um brinquinho — e depois ter um pedacinho, um minúsculo centímetro ou nem isso, de merda na camisa ou na calça ou nos sapatos. E aquele pedacinho de merda vai contagiando todo o resto, e vai se mantendo ali (porque é só um bocadinho e você pensa que limpa depois, e vai deixando para amanhã, outra vez para amanhã), sempre pequenino, sempre te perturbando. Sempre se mantendo por ali. E deixar andar é isso mesmo: a merdazinha, a merda pequeninha, a merda poucochinha, que vai ficando. Deixar andar é admitir estar limpinho da cabeça aos pés com um pedacito de merda pelo meio. E às tantas é aquilo que você vê enquanto você: aquela criatura impecável com um pedacinho de merda pelo meio. Mas não. Não. Você não é esse homem ou mulher. Mas não. Não. Você não é alguém impecável da cabeça aos pés com um bocado de merda pelo meio. Você é — e tem de querer sempre ser — impecável da cabeça aos pés sem qualquer pedaço de merda pelo meio. Se é merda: é para se expurgar de si. Agarre-a e atire-a para bem longe. Não se deixe andar assim, com esse ligeiro cheiro, com esse ligeiro desconforto, com essa ligeira satisfação. Se é ligeira não é satisfação. Se é ligeira é outra coisa qualquer, é outra merda qualquer — mas não é satisfação. Se não é você inteiro: então nem sequer é você. Faça novas perguntas para poder ter novas respostas, experimente uma coisa por dia, nem que seja um sorvete, um gesto, uma palavra. Experimente, invente, tente, faça. Recuse-se a se deixar andar, recuse a facilidade doentia de se deixar andar. Recuse tudo o que não seja tudo. Recuse nada que não seja tudo. Até porque qualquer nada é suficiente para já não ser tudo.

Um homem nu. Um homem rastejando no banheiro de casa, no metro e meio que separa o vaso onde estava da banheira onde quer estar. Só os braços se mexem. As pernas quietas, as pernas imóveis, as pernas sem movimento de um homem paralítico. E ele rastejando. Querendo simplesmente passar do vaso para o chuveiro, o gesto mais fácil do mundo, a caminhada hercúlea de um homem entre o vaso e a banheira. Ai. O esgar dele. Ai. A dor dele à procura de conseguir, centímetro atrás de centímetro, encontrar o éden prometido. Ai. E chega. Agora há todo um muro, um muro imenso que não são mais que trinta ou quarenta centímetros que estão de um dos lados da banheira. Há que trepar aquele muro para ser gente, há que trepar aquele muro para se sentir homem. O mundo pode muito bem ser a parte lateral de uma banheira, trinta ou quarenta centímetros que só um herói conseguirá trepar. O suor a lhe escorrer pelo corpo, a certeza de que tem de conseguir se agarrar ao muro e trepá-lo com tudo o que tem, com tudo o que é. O homem nu começando a sua escalada. Primeiro o braço direito, depois o braço esquerdo. E todo o corpo sendo puxado por dois braços que são promovidos ao papel de tudo. Aos poucos, centímetro a centímetro, o homem vai subindo o muro. O sexo flácido já quase dentro da banheira. Em seguida as pernas, os pés. Um homem nu respirando acelerado e exausto no interior de uma banheira. Agora há que recuperar a respiração. Respirar fundo. Inspirar, expirar. Inspirar, expirar. O homem estendido na banheira. As pernas sempre imóveis, o corpo sempre imóvel. Só os braços fazem o papel de tudo. Ligar a água. Fria para começar. Para lavar a vergonha, para lavar a humilhação. A cabeça molhada e a água gelada que cobre as lágrimas. Um homem nu paralítico tomando o banho possível. Um homem nu paralítico brincando durante alguns minutos de ser uma pessoa normal. Tomando banho como as pessoas normais. Alguns minutos para saber o que é estar vivo. E depois acabou-se a brincadeira. O banho acabou. Há uma altura em que o banho tem de acabar. E há que fazer tudo outra vez. Outra vez o muro, trinta ou quarenta centímetros de terror. Trinta ou quarenta centímetros que só um herói conseguirá outra vez ultrapassar. Braço direito, braço esquerdo. Sofrer. Sofrer tanto. Ai. Puxar o corpo. Todo o corpo confiando em dois braços que nunca pensaram ser tão grandes. E aos poucos lá vai o corpo puxado pelos braços. O muro ficando para trás. O inferno ficando para trás. E por todo o corpo que só queria se refrescar com um banho já escorre outra vez o suor. E o homem nu só queria voltar à banheira mas há um muro infernal de trinta ou quarenta centímetros pelo meio. E por isso rasteja. Rasteja para fora do banheiro. A porta fechada. A desgraça de uma porta de banheiro fechada. Há que trepar até o puxador altivo de uma porta. Quarenta ou cinquenta centímetros para subir. O homem nu respirando fundo, limpando o suor que já não sabe também se são lágrimas com a palma da mão esquerda. Respirar fundo. Inspirar, expirar. Uff. Inspirar, expirar. Uff. É agora. Tem de ser agora. Tem de tentar agora. Mais quarenta ou cinquenta centímetros de herói e finalmente a liberdade de não haver mais muros. Ou de respirar um pouco entre muros. Inspirar, expirar. Uff. Vai ser agora. Uma mulher que anda, pernas que se mexem, abre a porta. Diz "meu amor, anda", agarra-o no colo como se agarrasse um bebê, deita-o na cama, veste-o e coloca-o numa cadeira de rodas. Penteia-o com cuidado, sorri. Ele não sorri, não agradece. Só respira. Inspira, expira. Uff. Ela empurra a cadeira com cuidado, semblante sempre carregado. Ele lhe diz: "anda mais rápido com essa merda. Você não serve mesmo para nada. É mais lenta para empurrar isto do que a economia portuguesa para se recuperar". E ri bem alto sem sequer a olhar. Ela mantém o mesmo semblante fechado e obedece. Leva-o com maior velocidade até uma sala impecavelmente arrumada e com um aspecto imaculado. Ele diz: "a televisão está com uma puta de uma mancha. Eu consigo ver assim? Tudo bem que eu sou paralítico mas não sou cego". E volta a rir bem alto. E volta a nem sequer olhar para ela. E ela volta a manter o mesmo semblante fechado, volta a estar calada. E volta a obedecer. Pega um pano e, durante alguns segundos e com todo o cuidado, limpa a tela da televisão. "Mas sai da minha frente — ou pensa que banha de porco é transparente?", diz ele, o riso mais uma vez, o olhar vidrado em tudo menos nela. Ela faz o que faz sempre: mantém-se calada, mantém-se com o rosto fechado, e obedece. Sai da frente da televisão e abandona a sala. Ele fica, sentado na cadeira de rodas, em frente à televisão, com uma espécie de sorriso sardônico nos lábios. Ela volta poucos segundos depois, rosto cinzento como sempre, com uma bandeja com um prato de comida nas mãos. Coloca-o numa mesa, diante dele, com todo o cuidado. "Tire essa bunda gorda da frente", ordena ele. Ela obedece e vai colocando, de lado, as coisas na mesa — de maneira a não incomodar a visão dele. Diz: "está na hora do almoço, meu amor. Fiz o assadinho que você adora". Ele responde: "não gosto nada do aspecto dessa bosta.

Parece que você desaprendeu de cozinhar, foda-se". E nem tira os olhos da televisão. Ela insiste: "vai, prova. Tem de se alimentar". Ele se irrita, diz "pensa que eu sou um bebê, é, caralho?", pega um garfo, pica um pedaço de carne e atira na cara dela. Depois repete o gesto várias vezes: vários pedaços de carne e de batatas atirados na cara e no corpo da mulher. Ela se limita a nada fazer. Deixa-se agredir com comida, em silêncio, e vai apenas, aqui e ali, retirando de si e da sua roupa os pedaços que ficam colados no tecido e na pele. Ele não está satisfeito. Diz: "vou te mostrar que não sou criança nenhuma. Você vai ver que eu não sou criança nenhuma, sua vaca". E dá nova ordem: "sente aqui na minha frente". Ela se senta, no chão, na frente dele, como se já soubesse exatamente o que vem a seguir. "Agora se dispa toda", diz ele. Ela se despe. "Agora se toque para mim. Me mostre o que você vale, ó baleia." Ela se toca. E ali ficam, alguns segundos, ele a olhar para ela e a rir bem alto, ela, com o mesmo olhar vazio e o mesmo semblante fechado, se tocando entre as pernas para ele. "Já viu do que eu gosto? Já percebeu que eu não sou criança nenhuma", pergunta ele, olhos nos olhos dela. "Sim, meu amor, sim. Desculpe", pede ela, olhos no chão. "Ótimo. Agora limpe o chão e cai fora daqui que eu quero ver o futebol", decreta ele. Ela vai buscar um balde com um esfregão, limpa o chão sem mudar um músculo da face e, obediente, abandona a sala. Ele fica na sala. Ela está na cozinha, isolada, e inicia um solilóquio:

"Eu te amo tanto como te odeio. Tenho tanta pena de você como te odeio. Tudo o que sinto por você leva ódio dentro. Não sei como cheguei aqui, não sei como chegamos aqui. O nosso amor tem a dimensão da nossa dor e já não sei se me dói mais te amar assim ou não te amar assim. No começo acreditei que seria passageiro, que você estava apenas em choque pelo que perdeu. Não consigo imaginar o que morre em nós quando morrem as nossas pernas. Acreditei que você voltaria para mim, como você é, como eu sei que ainda é, quando a dor maior passasse. Mas a dor maior não passa, a dor maior nunca passou. Você é com a incapacidade, com a insuficiência, e tudo o que sabe sentir é o que já não tem. Eu queria tanto te amar como se só houvesse eu e você. Eu e você como nos amamos antes de haver a distância dos corpos. Te amo tanto mas não te aguento mais. Tenho de terminar com tudo isto. Há uma altura na vida em que temos de acabar com o que nos dói. Custe o que custar, doa o que doer. Há uma altura na vida em que temos de terminar com o que dói. Chega. Acabou, meu amor. Acabou o que você mata em mim. Acabou. Desta vez é de vez. Acabou, meu amor".

A mulher sai, veloz e enxugando as lágrimas, da cozinha. Não se sabe para onde vai.

A sala está vazia. Silêncio sepulcral. Continua tudo imaculadamente limpo, impecavelmente organizado. Silêncio sepulcral. Até que se ouve uma voz. É a voz dele. "Anda, meu amor. Anda", diz, com carinho. E estende a mão para quem vem atrás. É a mulher, sorridente, quem vem lá. Agarra a mão dele. Está, também ela, numa cadeira de rodas. Entram os dois, de cadeira de rodas e lado a lado, de braços dados na sala. Ouve-se uma música romântica e alegre. Ela diz: "te amo, meu amor". Ele diz: "te amo, meu amor". Riem bem alto. Fecha-se a cortina.

(toda beleza é perigosa)

A beleza é um perigo. Um perigo sem definição, um perigo abstrato. Um perigo vadio, sem dono. Você não sabe de onde vem, de que parte de si chega. Mas está lá. Te abate, te expulsa. A beleza é um perigo. Mas é do perigo que a vida, a que interessa, nasce. Tudo o que é irresistível tem um ponto negativo, que pode até muito bem ser esse mesmo: ser irresistível. Tudo o que é irresistível nos faz desistir de continuar — e insistir em ceder. Há cedências perigosas: todas.

Estava sempre à janela.
Era uma mulher bela, corpo esculpido.
Passava todo o dia àquela janela.

Todos os dias, ao meio-dia em ponto, se despia. Os carros que passavam na estrada em frente reduziam, muitos paravam, para ver o espetáculo. Ela ficava cinco minutos — cinco minutos apenas, nem mais um segundo, despida, ali, sentada à janela.

Há rotinas excitantes. Rotinas que, por mais que sejam repetitivas, são sempre imprevisíveis: imprevisíveis dentro de nós, pelo menos. Tudo o que é emocional é irrepetível.

Pouco a pouco o número de espectadores aumentava. Ao meio-dia em ponto a fila na estrada era enorme. Todos se amontoavam à espera da hora de ela se despir.

É meio-dia. E nada. A mulher não se despe. Nem sequer está à janela. A multidão se desespera. Um dos homens dentro do carro lança a ideia:
— Vamos lá ver o que se passa.

Nada é mais diabólico que esperar um prazer que não chega. Há um pré--prazer que nos consome, que nos aperta cada centímetro da pele. Quando você espera o prazer e o prazer não chega você é um organismo imparável. O lado bom do prazer é ser imparável. E o mau também.

Aí estão eles, batendo à porta. Ninguém abre.
Não desistem. Arrombam-na.
Entram.

No quarto, à janela em que sempre julgaram ver uma mulher, encontram um pôster, um enorme pôster com a fotografia de uma mulher — a mulher. Por detrás desse pôster, muitos outros.

Colada numa das paredes, uma enorme cartolina verde. Lá, pode-se ler: "A Sua Volúpia Vai Finalmente Ter O Castigo Que Merece".

Ninguém sobreviveu à violenta explosão que se seguiu.

— Foi bom.
— Foi como entrar com o meu sexo no seu.
— Foi exatamente isso: você entrou com o seu sexo no meu.
— Sim. E foi como se eu tivesse entrado com o meu sexo no seu.
— ...
— O que você faz e o que sente que faz são, quase sempre, matérias de apreensões divergentes: têm locais diferentes de percepção.
— ...
— Hoje fiz o meu sexo no seu e senti o meu sexo no seu.
— Amar não é sentir, quando o seu sexo está no sexo de quem você ama, o seu sexo no sexo de quem você ama. Amar é o para além do que você faz: é fazer o não fazer; dar corpo ao não corporal. Ser matéria do imaterial.
— Eu gosto da poesia do que você acabou de dizer.
— Ótimo. Agora vamos foder, ok?
— Achei que você nunca mais diria isso.

Há um critério estético por detrás de todas as decisões: você age assim porque assim te fica bem; porque assim é que é bonito. A dor é uma coisa feia; um vestido que te fica mal. Há momentos, porém, em que só a dor fica bem. Rir num funeral é uma coisa feia: a dor fica, nesses momentos, bem. Só a dor, nesses momentos, fica bem. Todos os sentimentos têm um aspecto; todos os sentimentos têm uma estética. Chorar com aparência de riso vale, para o mundo, tanto como rir com aparência de riso; e o contrário também é verdadeiro: o sentimento só o é (sentimento) quando parece o sentimento que é. Quem parece sempre alegre será, perante a mentira que vende a si mesmo, um homem (ou uma mulher) sempre alegre. Mesmo que, na verdade, não o seja. A estética do sentimento é, quase nunca, o próprio sentimento. Há casos (pessoas), porém, em que sentimento e estética de sentimento são, exatamente, a mesma coisa. Não é fácil, no entanto, encontrá-lo. Sobretudo se se morar distante de um qualquer sanatório. O sanatório é o sanitário da sociedade. E a sociedade é o sanatório dos sentimentos: o sanitário dos sentimentos. E você: quantas vezes já lavou as mãos hoje?

Viver como se viver fosse sempre a primeira vez.
E é.

(carta de uma criança ao mundo)

Quando você ler estas palavras provavelmente já estou na casa do Zé, o do 11º andar, aquele que está sempre com meleca no nariz mas não deixa de ser o meu melhor amigo. Os adultos ligam para coisas ridículas como meleca no nariz. Dizem que fica mal e que é uma falta de educação e essas tretas todas. Ainda bem que eu já passei dessa fase. Agora gosto é de brincar.

Acho que gostar de brincar é uma prova de maturidade (é assim que se diz, não é?).

Quanto mais se brinca mais se ri. E se estivermos aqui para rir mais vale não estarmos, digo eu, que sou apenas uma criança e ainda não sei nada da vida. Hoje já ri muito, e só por isso já valeu a pena acordar. Eu adoro acordar. É uma das melhores coisas do mundo. Estamos ali parados, de olhos fechados, e tudo está acontecendo lá fora. Há a escola toda para aprender, os amigos todos para falar, o recreio inteiro para correr, os pais inteiros para abraçar. E nós ali, quietos, de olhos fechados. Sem apreciar nada daquilo. Que tédio. Eu gosto é de acordar.

Acho que gostar de acordar é uma prova de maturidade (é assim que se diz, não é?).

O mais incrível nesta coisa de viver é que acontece todos os dias. Todos os dias podemos viver. Basta querer. Basta estar. Estamos aqui e podemos viver. É espantoso, não acha? Eu gosto é de acordar. Levantar num salto (ontem consegui dar o melhor salto de sempre quando levantei: abri os olhos, ouvi a voz do meu pai, ouvi a voz da minha mãe, e zás, levantei de um salto só, parecia o Cristiano Ronaldo saltando para a bola quando marca um gol de cabeça, é o maior), rir que nem um maluco com as piadas do meu mano mais velho (ter um mano é como ter mais um pai e mais um amigo, se bem que pai e amigo para mim são a mesma coisa, nem sei para que existem as duas palavras, os adultos adoram complicar), tomar o café da manhã (quem inventou o café da manhã era mesmo esperto, o café da manhã serve para comer mas serve muito mais para gostar das pessoas, é como se já estivéssemos com saudades delas, eu pelo menos quando acordo já tenho saudades da minha mãe, do meu pai, do meu mano, o café da manhã é para matar as saudades deles, e para brincar, claro, mas tudo existe para brincar, essa é que é a verdade), e em poucos minutos ir para a escola quando é dia de escola ou ir andar de bicicleta quando não há escola. E o mais incrível, não sei se já disse, é que isso se repete todos os dias. Todos os dias. É incrível.

Acho que gostar de viver todos os dias é uma prova de maturidade (é assim que se diz, não é?).

Sou o mais rápido abraçador aqui de casa. Fizemos o teste há uma semana e eu ganhei. Demorei menos de três segundos desde a cama até o abraço da minha mãe. O meu mano demorou mais dois segundos. Também é bom, claro, até é normal que demore mais, ele já está ficando velhote, vai fazer dez anos em novembro. Às vezes penso na velhice e acho que deve ser uma coisa legal. Os velhotes sabem tanta coisa e já não precisam ir à escola. Podem passar o dia brincando, e se isso não é uma das maiores sortes do mundo então eu não percebo nada de vida nem de sorte. O avô Manel é o velhote mais lindo de todo o universo. Vai comigo ao parque e nem se chateia que eu fique lá duas ou três horas. Só fica olhando para mim, com um sorriso que não passa, e vai acenando para mim com uma mão e limpando com a outra uma ou outra lágrima que cai. Parece que as memórias fazem chorar, e os velhotes têm mais memórias que sonhos. Deve ser essa a parte pior de ser velho, mas tem de ser. Se não existissem coisas que têm de ser nunca aconteceriam coisas que nós adoramos que fossem. Por exemplo, se eu não tivesse de ir para a escola nunca teria conhecido os melhores amigos do mundo, sabe?

Acho que gostar do que tem de ser é uma prova de maturidade (é assim que se diz, não é?).

Quando você ler estas palavras provavelmente já estou na casa do Zé, o do 11º andar, aquele que está sempre com meleca no nariz mas não deixa de ser o meu melhor amigo. E você: com quem vai estar rindo?

Quantos filhos da puta mandam no mundo,
você perguntou ontem,
a mesa cheia e um medo diluído no ar,
quantos filhos da puta mandam no mundo,
você repetiu,
eu comecei então a contagem,
e ainda não a acabei,
desculpe.

Impresso no Brasil pelo Sistema Cameron da Divisão Gráfica da
DISTRIBUIDORA RECORD DE SERVIÇOS DE IMPRENSA S.A.